MEILIZHONGGUO HEXIEJIAYUAN
MINZUZIZHIDIFANG FAZHANCHENGJIUZHAN XUNLI

美丽中国·和谐家园
民族自治地方发展成就展巡礼

德宏傣族景颇族自治州卷

民族文化宫 编

民族出版社

美丽中国·和谐家园
民族自治地方发展成就展巡礼

编委会

主　　编：孙青友

副 主 编：钟兴奎　们发延

编　　审：钟兴奎　们发延　杨国文　马志敏　张树泉　徐　莹　雍继荣
　　　　　陈　烨　何　丽　吴贵飙　崔光弼　艾合买提买买提

编　　者（按姓氏笔画排序）：
　　　　　王　超　王佳媛　央　珍　白　旭　冯子倩　先　巴　刘文丽
　　　　　安　宁　许传哲　李　婷　李学思　杨　行　杨胜锋　吴家鹏
　　　　　辛宇玲　陈　红　罗吉华　炬　华　赵　茵　高彩云　陶　颖
　　　　　龚文龙　崔德志　覃诗翠　鲁　艳　蔡苏宁　穆慧贤

联　　络：鲁　艳　孔得喜　安　宁

资　　料：张仁明　王　爽　王　乐

德宏傣族景颇族自治州卷

编　　审：们发延

副编审：陶　颖

编　　辑：刘文丽

总　序

　　为全面宣传党的民族政策和中国特色解决民族问题正确道路的成功实践及其取得的巨大成就，国家民委自2013年起，在民族文化宫举办"美丽中国·和谐家园———中国少数民族经济社会文化系列展"。展览以习近平新时代中国特色社会主义思想为指导，深入贯彻落实习近平总书记关于加强和改进民族工作的重要思想，以铸牢中华民族共同体意识为主线，全方位展示我国民族地区经济建设、政治建设、文化建设、社会建设和生态文明建设取得的巨大成就，充分展现中华文化的多彩之美、民族关系的和谐之美、民族地区的自然之美。

　　截至目前，已有5个自治区、20个自治州和部分自治县成功举办发展成就展。这些展览，一方面生动宣传了党的民族政策和民族区域自治制度，全面展现了中华民族一家亲、同心共筑中国梦的时代风貌；另一方面，也成为展示民族地区经济社会文化发展的重要窗口，成为保护和传承各民族优秀传统文化、增进各民族交往交流交融的重要载体，对促进新时代民族地区高质量发展具有重要意义。

　　为打造"永不闭幕"的民族自治地方成就展，书写新时代、展现民族地区新风采的"微型百科全书"，在中国共产党成立100周年之际，按照国家民委的部署，民族文化宫组织编纂了《美丽中国·和谐家园——民族自治地方发展成就展巡礼》系列丛书。

《巡礼》系列丛书计划编纂30册，每个民族自治州独立成册，视办展情况陆续出版。每册内容包括序篇、奋进历程篇、建设成就篇、民族团结篇、自然人文篇等5个篇章，以图片、数据、图表、文字相结合的方式呈现。系列丛书记述民族自治地方发展历程，以全面反映改革开放以来特别是党的十八大以来，在党的民族政策的光辉照耀下民族自治地方发生的历史性巨变，为广大读者及大专院校、科研机构提供参考。

《美丽中国·和谐家园——民族自治地方
发展成就展巡礼》系列丛书编委会

目 录

序 篇 / 1

奋进历程篇 / 17
    一、历史建置沿革 / 19
    二、中华人民共和国成立初期的社会面貌与中央关怀 / 30
    三、民族区域自治的实施 / 35

建设成就篇 / 41
    一、经济建设 / 43
    二、政治建设 / 75
    三、文化建设 / 86
    四、社会建设 / 157
    五、生态建设 / 169

目　录

民族团结篇 / 179
　一、民族团结进步创建工作 / 181
　二、促进各民族交往交流交融 / 187
　三、扶持人口较少民族 / 219

自然人文篇 / 225
　一、自然资源概况 / 227
　二、特色旅游资源 / 235
　三、历史古迹 / 241
　四、境内独特物产 / 251

结　语 / 263
后　记 / 264

序 篇

"一只孔雀飞到了龙树上，恩人哟就是那个共产党……"这首传唱于大江南北的经典歌曲《有一个美丽的地方》，歌唱的正是云南省德宏傣族景颇族自治州（以下简称"德宏州"）。德宏州景色秀丽，气候宜人，民风淳朴，资源丰富，生物多样性特征明显，被誉为"孔雀之乡""黎明之城"，是中国优秀旅游城市、中国特色魅力城市、国家卫生城市、国家园林城市、全国科普示范市、全国双拥模范城，也是省级文明城市、云南省四大旅游热区之一。

德宏州位于祖国西南边陲、中国云南省西部，是云南省的地级行政区，面积11526平方公里，全境东西宽122公里，南北长170公里，东和东北与保山市、腾冲市毗邻，南、西和西北与缅甸接壤。"德宏"是傣语的音译，"德"为"下面"，"宏"为怒江，意为"怒江下游的地方"。德宏州地处高黎贡山西南麓，东经97°31′~98°43′、北纬23°50′~25°20′之间，紧靠北回归线附近，受印度洋西南季风影响，属典型的南亚热带季风气候，冬无严寒，夏无酷暑，花开四季，"果结终年"。

德宏是一片古老而神秘的土地。据在德宏陇川、梁河等地考古发现的新石器遗址证明，早在四五千年以前，这里就有人类生息繁衍。据贝叶经记载，公元前364年，傣族先民在今瑞丽江河谷建立了勐卯果占壁王国（傣语称"勐卯弄"）。公元前122年，西汉张骞出使西域所记载的"滇越乘象国"，即指今德宏和缅甸的北部地区。东汉永平十二年（公元69年），设哀牢县（今盈江县），属永昌郡。三国时期属益州永昌郡。唐代属永昌节度辖地，为金齿部。建南诏和大理政权后，属唐王朝的腾冲府和永昌府管辖。宋代仍分属永昌府和腾冲府。14世纪，云南麓川路总管思可法崛起，建立果占壁地方政权。1355年，元代中央政权敕授思可法为平缅宣抚使，成为中央王朝在德宏施行土司制度的开端。此后，先后有南甸、干崖、陇川、盏达、遮放等宣抚司，各土司均归永昌府管辖。明代，土司制度不断发展完善，逐级设立了宣慰司、宣抚司、副宣抚司、安抚司、副安抚司、长官司，均归永昌府管辖。清代沿袭明制，对明代所封土司，仍分别授予宣抚、副宣抚、安抚、副安抚、长官等世袭职位。民国以来，推行"改土归流"，准备废除土司制度，最终形成"土流并存"的局面。1950年4月，德宏全境和平解放。1953年7月成立德宏傣族景颇族自治区，1956年改称德宏傣族景颇族自治州。

凯邦亚湖

德宏州政府驻地芒市，辖芒市、瑞丽市、陇川县、盈江县、梁河县 2 市 3 县，有 50 个乡镇、336 个村委会、49 个居民委员会、3868 个村民小组。全州除梁河县外均有国境线，国境线长 503.8 公里，有 24 个乡镇、600 多个村寨与缅甸村寨毗邻。与省会昆明陆距 785 公里、空距 427 公里。

德宏州有傣、景颇、汉、傈僳、阿昌、德昂等民族，截至 2019 年末，总人口 132.4 万人，其中少数民族人口 63.24 万人，占总人口的 47.8%。傣族 37.69 万人，景颇族 14.45 万人，阿昌族 3.29 万人，傈僳族 3.42 万人，德昂族 1.57 万人。全州城镇人口 62.93 万人、乡村人口 69.47 万人。全州人口密度每平方公里 118.51 人，城镇化率达 47.53%。

德宏州地处横断山脉西南部、高黎贡山以西、云贵高原西部横断山脉的南延部分，高黎贡山的西部山脉延伸入德宏境内形成东北高而陡峻、西南低而宽缓的切割高原地貌，属滇西峡谷区。全境山地面积占 89%，平坝河谷占 11%，海拔 210 米至 3404.6 米；山脊线多在海拔 2000 米上下。全州最高点是盈江县北部的大娘山，海拔 3404.6 米。最低点为盈江县西部的羯羊河谷，海拔 210 米。由于海拔高差悬殊很大，山谷、河流、盆谷走向一致，呈现出相间平行排列势态，展现了两山夹一峡谷、一条河、一个盆坝的地貌特征，地表景观由"三山"（大娘山、打

鹰山、高黎贡山尾部山脉)、"三江"(怒江、大盈江、瑞丽江)、"四河"(芒市河、南畹河、户撒河、芒东河)和大小不等的28个河谷盆地(坝子)构成。其地势高峻,河谷下切,山坡陡峭,断岩绝壁,河床岩石裸露,跌水瀑布较多,森林植被茂密。德宏州大地构造属青藏滇缅印尼"歹"字形构造体系,以南北向的怒江断裂带和东西向的万马河断裂带为界,由东向西可划分为三个弧形构造带,即高黎贡山—三台山弧形构造带、腾冲—梁河弧形构造带、槟榔江弧形构造带,控制着州内各种岩石的分布。德宏州分布最广的岩类是酸性结晶岩类,占德宏全州土地总面积的52.4%,此外还有泥质岩、石英质岩、基性结晶岩、碳酸盐岩、紫色岩、中性结晶岩以及冲积、洪积、湖积母质等岩类。

德宏州自然资源丰富,全州森林面积77.81万公顷,森林覆盖率69.65%,有自然保护区2个,保护区面积5.47万公顷。素有"植物王国""物种基因库"之称。高等植物339科1908属6033种,属国家级、省级保护植物的有红豆杉、秃杉、云南娑罗双、盈江龙脑香、桫椤、滇榄、鹿角蕨等159种。陆生野生动物725种,其中属国家级和省级保护的有94种。一类保护动物有绿孔雀、金丝猴、熊猴、金钱豹、孟加拉虎等。

德宏州水资源丰富,江河平均产水量136.3亿立方米,有水资源总量218亿

云海中的勐焕大金塔

中国目瑙纵歌之乡——陇川

立方米，人均占有约 2 万立方米，高于全省、全国人均占有量。水能理论蕴藏量为 362.4 万千瓦，其中，大盈江的水能蕴藏量为 152.97 万千瓦，丽江为 113.6 万千瓦，目前的利用率不到 10%。

地热资源丰富，有温泉 70 多个。矿产资源种类多，但储量小、分布散、采量少，主要为有色金属金、锡、铅、锌、铜、钨、铬、镍及稀有金属铍、铀、锗、稀土等。

德宏州民族文化及商贸活动丰富多彩。有傣族的"泼水节"、景颇族的"目瑙纵歌节"、阿昌族的"阿露窝罗节"、傈僳族的"阔时节"、德昂族的"浇花节"等

民族团结一家亲——幸福成长的各族儿童

民族传统节日，还有德宏特色的中缅胞波狂欢节、中缅国际马拉松比赛、瑞丽国际珠宝文化节、中缅边交会等。这些节会赛事成为传承民族文化、增进民族团结、促进中缅友谊、推动经贸旅游、促进边疆和谐稳定的经贸文化交流平台。19世纪末以来，德宏还演绎了一个个传奇故事：1875年，发生在德宏盈江县的"马嘉里事件"震惊中外；边城畹町、滇缅公路、远征军、史迪威公路等著名抗战旧址和事迹故事；著名作家艾芜、王小波等，在《南行记》《黄金时代》等作品中以独特的方式讲述了德宏的精彩故事；著名音乐家施光南、杨非创作的《月光下的凤尾竹》《有一个美丽的地方》等，将德宏的自然美与人文美传唱到大江南北。

梁河是中国葫芦丝之乡

享受"境内关外"政策的瑞丽姐告中缅街

独特的自然资源和人文环境造就了德宏文化，自然和人文景观遍布全州各县市。主要景点有芒市勐巴娜西珍奇园、树包塔奇观、勐焕大金塔银塔等；瑞丽市畹町边关文化园、畹町国家森林公园、畹町九谷桥、畹町南侨机工回国抗日纪念公园等；陇川县的云南景颇园、景罕玉兔佛塔、户撒皇阁寺等；盈江县的凯邦亚湖、大盈江湿地公园、允燕山、榕树王、"马嘉里事件"纪念碑等；梁河县的南甸宣抚司署、勐底大金塔、龙窝温泉等。

德宏州良好的自然环境和优越的光热水土气，为发展生物特色产业、大健康产业提供了得天独厚的条件。成为中国小粒咖啡、柠檬、坚果、香料烟、优质大米的重要生产基地，被指定为亚洲咖啡年会永久举办地，是全国重要的珠宝翡翠、红木制品交易中心。地方名特产品有傣锦、傣族撒撇、火烧猪、回龙茶、遮放贡米、后谷咖啡等。

德宏是中国西南部开放的"前沿的前沿，窗口的窗口"，是中国面向南亚、东南亚开放的黄金通道及孟中印缅经济走廊的关键点。历史上，德宏是南方古丝绸之路的要冲、史迪威公路与中缅公路的交汇点；现如今，德宏是中缅国际大通道、中缅油气管道的出入口。德宏州三面与缅甸接壤，国境线长503.8公里，占中缅国境线全长的1/4。拥有瑞丽、畹町两个国家一类口岸，章凤、盈江两个国家二类口岸。毗邻缅甸，区位优势独特，德宏州成为发展区域经济特别是开放型经济，面向南亚、东南亚，走向世界的重要地区。仅以交通为例，从德宏瑞丽出境至缅甸古都曼德勒430公里、至缅甸首都内比都670公里、至缅甸仰光980公里、至皎漂港900公里；从陇川出境至缅甸八莫港92公里；从盈江出境至缅甸克钦邦首府密支那92公里，至印度阿萨姆邦650公里；从昆明经德宏出境缅甸至印度洋，比从东部沿海绕道马六甲海峡，运距可缩短3600公里、运时减少15天左右，运输成本降低40%—60%，是中国通往印度洋地区最安全、最便捷、最经济的陆路通道。德宏州面向南亚、东南亚各国，境内外市场潜力大。有实施"境内关外"、海关特殊监管模式的姐告边境贸易区，还有瑞丽、畹町两个国家级边境经济合作区，瑞丽国家重点开发开放试验区、沿边金融综合改革试验区以及中缅瑞丽—木姐边（跨）境经济合作区。同时，高速路、铁路、航空等交通基础设施的不断改善，为德宏州扩大对内对外开放、加快发展提供了重要支撑。

依托优势，德宏州打造中缅经济走廊，加强与缅甸等周边国家的经贸合作，在跨境产能、跨境金融、跨境电商、跨境旅游、跨境劳务合作等方面积极探索，激活了"多国家+多维度"消费潜力。全方位、多形式的交往交流活动，确立了德宏州在全省乃至全国对缅甸开放的重要地位。目前，德宏州与76个国家和地区建立贸易往来，对外贸易进出口总额从1952年200万元增至2019年370.28亿元，全州口岸进出口总额115.96亿美元，成为云南乃至全国沿边口岸综合流量最大的地区。

德宏州从一个没有任何工业基础的边疆农业地区，实现了从无到有、从单一向多元、从低层次向中高端的跨越，实现了从"零星手工"到"德宏制造"的历史性转变。工业总产值从1952年的1万元增至2019年的185亿元，农林牧渔业总产值从1952年的3080万元增至2019年的159.46亿元。立足国际国内资源、市场，以瑞丽试验区为中心，确立了装备制造、生物医药、大健康、旅游文化、食品和消费品制造、高原特色现代农业、现代物流产业、电子信息、航空等8大重点产业发展目标。大康肉牛、北汽瑞丽、银翔摩托、上海东方国际、江苏业勤、雅戈尔、华侨城、凯喜雅、安琪酵母、深圳宝能、康佳电子、淘宝、天猫等一批大企业相继落户德宏，初步形成了航空、汽车、摩托车、农机、手机、家电、生物、医药、旅游、贸易等外向型的产业体系。目前，"乘瑞丽航空、驾德宏汽车、骑德宏摩托、看德宏电视、打德宏手机、穿德宏服装"成为"德宏制造"的真实写照。

德宏州拥有瑞丽航空和德宏南亚通用航空两家航空公司，杭瑞高速、瑞陇高速已建成开通，大瑞铁路、腾陇高速、芒梁高速、陇川机场等项目正在快速推进。芒市机场有直飞北京、上海、广州等城市的12条国内航线和缅甸曼德勒国际航线。2019年，日均航班量达50余架次，货邮吞吐量突破1万吨，全年接待国内外游客2945.72万人次，旅游业总收入564.07亿元。同时，信息基础设施更加完善，4G网络覆盖率达97%以上，光纤网络覆盖率达98%以上。5G商用同步开展，"德宏云"大数据中心启动建设，集公路网、铁路网、航空网、通讯网、电力网、油气管网"六位一体"的现代国际互联互通综合枢纽网络在加快构建。

在中国共产党坚强有力的领导下，自1953年以来，德宏州人民生活水平蒸

瑞丽市珠宝一条街

蒸日上，发生了翻天覆地的变化。截至2019年底，德宏州生产总值从1952年的2653万元增至2019年的513.66亿元，农民人均纯收入从1978年的87元增至2019年的11409元，城镇居民可支配收入从1992年的2226元增至2019年的31497元。

"美丽德宏·相约北京——2016北京·德宏傣族景颇族自治州成就展"开幕式现场

各项扶贫政策全面落实。德宏州始终紧紧围绕"两不愁三保障"标准和"六个精准"要求，累计投入各类扶贫资金129.09亿元，一批基础设施、居民住房、群众收入、产业扶贫、易地扶贫搬迁、安居工程、劳动力转移培训项目相继实施，易地扶贫搬迁和农村危房改造任务全面完成。近年来，德宏州打造了300多个美丽乡村，实现了从昔日窝棚、茅屋、杈杈房到洋楼、别墅、安居房的转变，"生态优良、乡村秀美、城市宜居"成为德宏州的竞争力优势。经过持续奋战，德宏州4个贫困县已脱贫摘帽，186个贫困村全部出列，4个"直过民族"和"人口较少民族"实现整族脱贫，现行标准下建档立卡贫困人口全部脱贫，脱贫攻坚普查通过国家验收，为全面建成小康社会奠定了坚实基础。

文化教育社会事业蓬勃发展。截至2019年底，全州共有艺术表演团体7个、文化馆7个、文物管理所6个、公共图书馆8个、体育场馆9个。广播人口覆盖率98.5%，电视人口覆盖率98.9%。2019年全州有各级各类学校569所，普通高等学校、中等职业学校、普通中学、小学等在校生从1953年的百位数增至2019年

"美丽德宏·相约北京——2016北京·德宏傣族景颇族自治州成就展"的非遗展厅

的216128人，小学学龄儿童净入学率达99.88%。学前教育、义务教育不断巩固提升，高中阶段教育普及攻坚加快推进，高考再创佳绩，职业教育、高等教育稳步发展。

截至2019年底，德宏州建成了覆盖州、县、乡、村的四级医疗卫生服务网络，人均寿命由中华人民共和国成立初期的28岁增至74.49岁。全州医疗保险参保人数120万人，医保报销8.5亿元，覆盖城乡的社会保障体系更加完善。大力推进就业创业，实现零就业家庭状态清零，农村劳动力转移就业6.8万人，发放创业担保贷款3.5亿元，扶持创业2684人，带动就业1万余人。

德宏州依托独特的区位优势，主动服务和融入国家战略，着力推进国家重点开发开放试验区建设，全州呈现出经济发展、文化繁荣、民族团结、社会和谐、边疆稳定的良好局面。中国葫芦丝之乡梁河县、中华翡翠毛料城盈江县、中国目瑙纵歌之乡陇川县、东方珠宝城瑞丽市和中国咖啡之乡芒市均发挥各自特色区位优势，努力实现"沿边特区、开放前沿、美丽德宏"跨越式发展。

2016年4月20日至26日，由国家民委主办，中共德宏州委、德宏州人民政府、云南省民委、民族文化宫承办的"美丽中国·相约北京——德宏傣族景颇族自治州成就展"在民族文化宫举办。展览展示了德宏建州以来，在中国共产党的领导下，在社会主义制度和民族区域自治制度的光辉照耀下，从贫穷走向富裕，从封闭走向开放，从落后走向进步，实现了从边陲"瘴疠之地"向沿边特区、开放前沿、民族团结、边疆安宁、经济发展的巨变。

奋进历程篇

一、历史建置沿革

德宏是远古人类活动的地区之一。在德宏州陇川县芒胆、瑞丽市芒约、梁河勐养、盈江新城等地的考古现场，发掘出有夹砂灰色陶片、鼎、豆、罐、钵等陶器，以及炭化稻谷的新石器遗址。由此证明，早在四五千年以前，德宏地区就有人类生息繁衍，开始种植谷物和饲养家畜，并处在从原始社会向部族社会过渡的历史时期。史书记载中"滇越""金齿""百夷""掸""濮人""布雷"等，是现今傣族、德昂族的先民；"寻传蛮""峨昌"等景颇族、阿昌族的先民也早已在德宏这片区域定居了。

（一）历史沿革

据贝叶经记载，公元前364年，傣族先民在今瑞丽江河谷建立了勐卯果占璧王国。至今，其位于云南省瑞丽市弄岛镇雷允寨雷允山的遗址尚存。

公元前122年，张骞出使西域所记载的"滇越乘象国"，即指今德宏和缅甸的北部地区。公元前109年，汉武帝开西南夷，德宏为益州郡哀牢地。东汉永平十二年（69年）置永昌郡，德宏为永昌郡哀牢县辖地。魏晋南北朝时期，北魏太和三年（479年），改哀牢县为西城县。

唐代德宏属剑南道姚州都督管辖，为金齿部。730年皮罗阁统一"六诏"，被唐王封为云南王，建立南诏地方政权，德宏归永昌节度使管辖。936年大理政权建立后，以龙江为界，江以西属腾冲府，江以东（包括茫施，现芒市一带）属永昌府。宋代仍分属永昌府和腾冲府。

元代设金齿安抚司，后升为金齿宣慰司，下设六路军民总管府，辖境含现今德宏全境。1273年3月，金齿分为东、西两路。1276年，设大理金齿都元帅府，下辖茫施路（今芒市）、镇西路（今盈江）、平缅路（今陇川）、麓川路（今瑞丽）、南甸路（今梁河）以及南赕地（今盈江西北）。1278年，设六路军民总管府，统一管理茫施、镇西、平缅、麓川、柔远（今怒江坝）、镇康和南赕等地。14世纪，麓川路总管思可法崛起，吞并诸路，建立果占璧地方政权。1355年元王朝敕授思氏为平缅宣抚使，是元代在德宏地区实行土司制度的开始。

自明朝以来，土司制度不断发展完善，设有宣慰司、宣抚司、副宣抚司、安抚司、副安抚司、长官司。明初，明王钦授思伦法为麓川宣慰使，1384年升为麓川平缅军民宣慰使。1399年，明王朝"析麓川地"，划出3府、2州和5个长官司。1441年后，果占壁地方政权灭亡，先后建立南甸、干崖、陇川3个宣抚司及芒市、户撒、腊撒3个长官司。不久，分出盏达、遮放副宣抚司，芒市长官司升为安抚司。1609年，又在陇川地建立勐卯安抚司。各土司均归永昌府管辖。

清沿明制，对明代所封土司仍分别授予宣抚、副宣抚、安抚、副安抚、长官等世职。永昌府属下置腾越厅、龙陵厅，腾越厅辖南甸、干崖、陇川、勐卯、盏达、户撒、腊撒7司；龙陵厅辖芒市、遮放2司。清光绪二十五年（1899年）中英勘界后，增设勐板土千总，归属龙陵厅。

民国以来，推行"改土归流"，准备废除土司制度，由于种种原因，最终形成"土流并存"的局面。民国初年，设弹压委员以"管慑控驭"，腾越道尹统领各区弹压委员。分设芒板（芒市及勐板）、勐遮（勐卯及遮放）、干崖（包括户撒、腊撒）、陇川、盏达5个区及南甸八撮县佐。民国六年（1917年）前后，改弹压委员为行政委员，分设芒遮板（芒市、遮放、勐板）、勐腊（勐卯、腊撒）、干户（干崖、户撒）、陇川、盏达5个行政区和南甸八撮县佐，仍隶属腾越道。民国十六年（1927年）废腾越道，隶属云南第一殖边督办。民国二十一年（1932年）改行政区为设治局，置潞西、瑞丽、陇川、盈江、莲山、梁河6个设治局，仍属殖边督办。民国二十九年（1940年）废殖边督办，隶属腾冲边区行政监督专员。1942年5月，德宏全境被日寇占领。1945年1月光复后，恢复设治局，先后隶属云南第六区（保山）及第十二区（腾冲）行政督察专员公署。1949年7月，潞西设治局改为潞西县。

1949年中华人民共和国成立后，于1953年7月成立德宏傣族景颇族自治区，1956年改称德宏傣族景颇族自治州。

西南丝绸之路户撒古道

(二) 勐卯古国与八关九隘

勐卯国，是史载德宏傣族最早建立的统治政权。据傣文史籍《嘿勐沽勐》记载，战国周显王五年（公元前364年），始建果占壁国（又称"勐卯国"）。这也是关于傣族古代史的最早记录。果占壁国王召武定的事迹，在傣文史籍《召武定满佐》一书有详细记载。公元6世纪，傣族首领混鲁、混赖兄弟崛起，建立了"勐卯果占壁王国"。元、明时期，勐卯始终是德宏地区傣族政治、经济、文化的中心。

自元朝以来，德宏境内发生过多次大规模战争，明万历二十二年（1594年），为巩固边防，抵御外敌入侵，云南巡抚陈用宾于中缅边境（今盈江、陇川、瑞丽）要塞修筑了8道关堡，设八关九隘驻兵防守。关堡都设在山势险峻处，建有四五丈高的楼台，有重兵驻防，据险而立，易守难攻。八关分上四关和下四关。上四关是神护关、万仞关、巨石关、铜壁关；下四关是铁壁关、虎踞关、汉龙关、天马关。由于清廷腐败无能，下四关悉数归入缅甸境内，只剩上四关（今盈江县境）。辛亥革命后，守关清军陆续逃亡，导致关堡闲置，陆续破损倒塌，留下断瓦残垣，仅有"天朝巨石关"匾额等少量遗物存留。

明朝设立驻守边境的八关九隘之巨石关

明朝设立驻守边境的八关九隘之神护关

明朝设立驻守边境的八关九隘之铜壁关

明朝设立驻守边境的八关九隘之万仞关

明代干崖土司第十任至第十三任宣抚使的驻地——万象城遗址，位于盈江县弄璋镇姐冈掌寨。"姐冈掌"为傣语，意为"万象之城"

1942年6月，时任云贵监察使李根源发表《告滇西父老书》，号召滇西民众奋起抗日　　　　　滇缅公路

（三）滇西抗战

第二次世界大战期间，滇西各族人民为抗战胜利作出了重要贡献，德宏边城畹町、滇缅公路、远征军、史迪威公路等，在云南抗战史上留下了光辉的一页。

"七七事变"后，中国抗日战争全面爆发。德宏各族人民表现出极大的爱国热情，作为滇西各族人民代表，用血肉筑成了抗战"生命线"——滇缅公路，协助南洋华侨机工赶运国际援华抗战物资，誓死保护雷允飞机制造厂修建，箪食壶浆欢送远征军跨过畹町桥入缅参战，万众一心支援抗战。

1942年5月，日军占领畹町，德宏沦陷。6月，国民党元老李根源以《告滇西父老书》，鼓舞滇西各族人民同仇敌忾，誓死抗战，与疆土共存亡。德宏人民组建滇西边区自卫军、潞西抗日救亡团、龙潞抗日游击队等武装，历经南天门、黑山门等战役，最终于1945年1月将日寇逐出畹町，德宏全境遂告光复。滇西抗战，在全国抗日战争乃至世界反法西斯战争中留下了永恒的记载。

修筑滇缅公路

随着抗战的全面爆发,惠通桥一度成为盟国援华物资运输及滇缅抗战的"血线"要卡,人称"东方直布罗陀"

德宏畹町黑山门战役

滇西抗战

雷允飞机制造厂是抗战时期我国规模最大的飞机制造厂,曾独立承担为"飞虎队"检修战机的工作

修筑雷允机场的物证残片

雷允飞机制造厂遗址内的抗战纪念碑

修筑滇缅公路时用的石碾子

回国参加抗战的南洋机工

爱国侨领陈嘉庚先生

滇缅公路上为抗战运送物资的汽车

从1939年至1942年的三年间,滇缅公路共抢运回国13000多辆汽车。东南亚华侨领袖陈嘉庚先生在得知祖国需要大量汽车司机和修理人员后,发出了"南侨总会第六号公告",号召华侨中的年轻司机和技工回国参加抗战,与国家一同战斗。通告马上得到了响应,众多爱国华侨踊跃报名,有的甚至放弃了当时的优越条件,志愿回国抗战。他们被称为"南洋华侨机工回国服务团"。南侨机工约3200人,前后分9批回国支援抗战,他们归国后,主要从事滇缅公路的运输和汽车维修等工作,为抗战作出了特殊的贡献。

2015年,电视剧《南侨机工英雄传》首映仪式

(四)边陲新生

1950年4月,中共保山地委、中国人民解放军14军41师派专员分别与德宏干崖土司刀京版等就解放军进驻边疆事宜进行谈判。经过与土司、山官的多次谈判,最终获得成功。4月21日,中国人民解放军先头部队进驻当时的潞西县芒市;29日,解放军将五星红旗插到畹町桥上;5月,解放军部队和各军政代表团相继进入梁河、盈江、莲山、陇川、瑞丽,德宏全境和平解放。1950年6—10月,相继建立了新生政权——潞西县成立了人民政府,梁河、盈江、莲山、陇川、瑞丽等地成立了各民族行政委员会,隶属保山专员公署。1951年,根据《中国人民政治协商会议共同纲领》的有关规定以及云南省政府转发西南军政委员会有关政权建立的指示和保山专署的部署,从12月至次年5月,各地相继召开各族各界代表会议,选举产生了民族联合政府和政治协商委员会。陇川、瑞丽、梁河、盈江、莲山等地改设县。各县县长分别为:陇川县县长多永安(陇川土司)、瑞丽县县长衎景泰(勐卯土司)、梁河县县长龚绥(南甸土司)、盈江县县长刀京版(干崖土司)、莲山县县长思鸿升(盏达土司)、潞西县县长李福成(部队代表,后由芒市土司代办方克光继任)。各县联合政府成立后代表性更加广泛。

1950年4月29日，解放军将国旗插上畹町桥头，标志着德宏全境解放

1950年12月，保山专区首届各族各界代表大会召开，人民代表在签到

　　党根据德宏各民族不同的社会发展阶段、不同民族的特点和特殊情况进行了社会改革。改革坚持"慎重稳进"的总方针，采取和平协商的方法。各民族焕发出了极大的生产热情，顺利完成了民主革命和社会主义革命双重任务，实现了德宏历史上最深刻、最伟大的社会变革，景颇族、德昂族、傈僳族从原始社会末期或奴隶社会直接过渡到社会主义社会（称"直过区"和"直过民族"），实现了由落后的社会形态向社会主义社会的飞跃，极大地加快了全州经济社会的发展，德宏各族人民进入了历史的新纪元。

1955年1月1日,中共德宏州委机关报《团结报》创刊号出版。象征德宏各民族团结、进步、发展的第一张报纸诞生

二、中华人民共和国成立初期的社会面貌与中央关怀

　　历史上的德宏极其偏远落后,社会形态呈现多元化。中华人民共和国成立之初,坝区的傣族仍然沿袭具有500多年历史的土司制度,是全国土司制度保留最完整的地区之一;多个少数民族居住的山区,则长期处于山官制度的统治下。全境有土司10家、山官440余家。坝区封建领主经济占主导地位,山区除汉族聚居区出现了少量的地主经济外,仍停留在原始氏族公社的残余阶段。社会形态的严重滞后,致使生产力水平低下,经济发展迟缓,各族人民生活极度贫困,尤以山区更为突出。

1970年陇川城子镇朋生产队试种棉花成功

　　和平解放后的德宏，虽然开展了团结少数民族上层、建立政权、剿匪、恢复和发展生产等工作，社会秩序渐趋稳定，但落后的社会状况以及交通闭塞、瘴病流行、卫生滞后，历史上遗留下的民族隔阂未得到根本消除，少数民族上层与各民族群众既有传统联系，又有统治与被统治的矛盾等依然没有发生根本变化。根据德宏边疆地区错综复杂的实际情况，各级党委遵照中央、省委指示，针对边疆落后形势、民族特殊状况，进驻德宏广大农村，从"做好事，交朋友"、团结少数民族上层人士，疏通民族关系开始，全面开展了清剿土匪、发放救济贷款、帮助医治疾病、解决生产生活困难、帮助恢复发展生产等一系列工作，从而稳定了边疆，恢复和发展了德宏经济。

20世纪50年代,民族工作队靠人背马驮为边疆群众运送物资

傣族群众用传统技艺纺织棉布

1954年至1955年，在社会秩序实现安定的基础上，德宏在党的领导下，从各族人民处于不同社会发展阶段的实际出发，发动本地区的各族群众，采取了区别于内地、符合德宏边疆民族地区实际的民主改革办法，在傣族地区开展"和平协商土地改革"，景颇族、德昂族、傈僳族聚居的山区"直接过渡"到社会主义社会，在部分汉族地区进行了"缓冲土改"。从此，德宏地区彻底废除了统治各族人民近600年的封建领主制度，使社会生产力得到了解放。在全州境内顺利地完成了社会制度的大变革，建立起社会主义制度。

1954年，《德宏傣文改革方案》《德宏景颇文改进方案初稿》《载瓦文字方案》以及《傈僳文方案》先后确定和颁布，德宏州各族群众有了统一规范的本民族文字。1955年1月1日，中共德宏州委机关报《团结报》创刊，用汉、傣、景颇、傈僳四种文字出版发行。

《团结报》后增加景颇语载瓦文版，改名为《德宏团结报》，标志着德宏州各民族的团结、进步、发展，成为全国唯一的五种文字报。

同时，德宏州开始建设芒究水库、姐勒水库和团结大沟等一大批大中型水利设施，进行了大批农田基本建设，改善了各少数民族群众不施肥的落后生产方式，改良了一些陈旧的生产工具。消除了历史上遗留下来的民族隔阂，实现了民族大团结。

完成民主改革以后，实现了"耕者有其田"，农民以户为单位，经营种植业和家庭副业。德宏州社会主义改造的主要任务，就是把个体农民组织起来，大力发展生产。至20世纪50年代后期，全州基本上完成了生产资料私有制改造，实现了公有制和按劳分配。各族人民从不同的历史发展阶段，进入了社会主义社会，实现了历史性的变革。1960年，为贯彻中央关于"调整、巩固、充实、提高"的八字方针，德宏州进一步调整政策，巩固提高农业合作社，加强经营管理，农业生产有了较大发展，各族农民生活有所改善。

建州以来，德宏州得到了党中央和国务院领导的高度重视和亲切关怀。党和国家领导人毛泽东、刘少奇、周恩来、胡锦涛、温家宝曾多次接见德宏州少数民族代表。

风雨无阻保畅通

稻谷丰收

1956年12月16日，周恩来总理在德宏州参加"中缅两国边境人民联欢大会"后，同缅甸总理吴巴瑞共同主持召开了"中缅两国边境少数民族公众领袖座谈会"，并在接见州县部分领导同志时强调，在德宏要按"五项原则"搞好同缅甸的关系，做好边疆民族工作，使民族团结、边疆稳定、边防巩固，为国家作出贡献。这次盛会，共有包括两国政府总理在内的中央及地方政府领导人和边民约1.5万人参加，不仅大大增进了中缅两国人民之间互信友爱的"胞波"情谊，而且为中国与其他周边邻国发展和平友好关系树立了典范，是实践中国、印度、缅甸三国共同倡导的和平共处五项原则的一个里程碑，引起了全世界的关注。为进一步营造睦邻友好的周边环境氛围，促进边境地区经济文化合作与发展，提升了德宏州作为中国与东南亚"大通道"的品牌形象。

2015年1月，习近平总书记在云南调研时强调："希望云南用全面建成小康社会、全面深化改革、全面依法治国、全面从严治党引领各项工作，主动服务和融入国家发展战略，闯出一条跨越式发展的路子来，努力成为我国民族团结进步示范区、生态文明建设排头兵、面向南亚东南亚辐射中心，谱写好中国梦的云南篇章。"

刀京版等在1953年7月23日德宏傣族景颇族自治区成立大会上庄严宣誓

三、民族区域自治的实施

民族区域自治制度，是具有中国特色解决民族问题的道路。德宏在中华人民共和国成立后就开始疏通民族关系、团结民族上层，逐步开展建立民主政权等方面的工作，并在逐步开展民族识别工作、安定社会秩序、建立民族民主联合政府的基础上，积极推行民族区域自治。

（一）自治州的建立

1952年，我国颁布的《中华人民共和国民族区域自治实施纲要》规定，在少数民族聚居区实行民族区域自治。同年，在德宏建立了梁河傣族景颇族自治区。

1953年初，经过疏通民族关系、开展对敌斗争、团结生产和爱国教育等工作后，民族上层的疑虑有所解除，民族关系有所改善，培养了一批少数民族干部，党的民族政策得到了群众的一致拥护，全境社会秩序基本安定，实行民族区域自治的条件已经具备。在《中国人民政治协商会议共同纲领》《民族区域自治实施纲要》等有关法律法规的指导下，德宏开始酝酿建立民族自治政权。

1953年1月，中共保山地委发出通报，肯定德宏经验，号召其他地区加快建立基层政权的进程。同年2月召开的云南省委边疆工委书记会议，决定在德宏建立专区级的自治区。4月，经沿边6县共同协商，组成"区域自治筹备委员会"。在统一思想的基础上，对重要民族上层人士的政治地位、职务作了安排，为民族自治的实现奠定了思想基础和组织基础。

1953年7月18日，在党中央、国务院及云南省委、省政府的正确领导和关心支持下，德宏傣族景颇族自治区首届各族各界人民代表会议在芒市隆重召开。来自德宏各县的450名代表及1万多名群众参加了大会。会议通过了《当前边疆民族区域发展生产的15项团结生产政策》，规定开生荒5年、开熟荒3年不收官租；农民耕种的田地不准夺佃，不准因增产增加官租、地租等有关决议。15条生产政策初步剥夺了领主、山官的特权，保障了劳动群众的利益，受到代表们的热烈拥护。会议学习了政务院《关于处理带有歧视和侮辱少数民族性质的称谓、地名、碑碣、匾联的指示》，通过了《爱国团结公约》，决定取消对少数民族含有贬义的称谓，如"山头""摆夷"等。最后，选出自治区人民政府委员43人，其中傣族15人，汉族15人，景颇族8人，阿昌族、傈僳族和德昂族共5人。自治区人民政府委员会第一次会议，选举了自治区政府主席和副主席，刀京版（傣族）当选为主席，龚绶（傣族）、雷春国（景颇族）、衎景泰（傣族）、多永安（傣族）、排启仁（景颇族）、司拉山（景颇族）、段华民7人当选为副主席。会议同时选举产生了自治区协商委员会，思鸿升（傣族）任主任，多英培（傣族）等7人任副主任。23日，当选人员在芒市举行的庆祝自治区成立大会上宣誓就职。德宏傣族景颇族自治区在祖国的西南边陲正式宣告成立，从此，德宏翻开了历史的新篇章。

德宏傣族景颇族自治区的诞生（1956年5月改为德宏傣族景颇族自治州），标志着在中国共产党领导下德宏各族人民拥有了行使民族自治的权利，各民族一律平等，共同参与管理区域内的事务，对维护国家统一、发展巩固民族团结和社会主义民族关系、促进德宏经济文化的进步具有重要的意义。

德宏傣族景颇族自治州第一届人民代表大会第一次会议

（二）贯彻民族区域自治政策

德宏傣族景颇族自治区成立后，制定了一系列民族政策，帮助边疆少数民族地区发展生产、改善生活条件。通过并颁布《德宏自治区和平协商土地改革条例》《德宏自治区划分农村阶级成分办法》《德宏自治区各民族人民团结公约》等条例，这些政策的贯彻执行，对开展民主改革、发展生产、增强民族团结、维护边疆稳定，都发挥了很好的作用。

1987年5月，德宏州第八届人民代表大会第五次会议通过了《德宏傣族景颇族自治州自治条例》，民族区域自治在德宏的实践有了制度保障。《德宏傣族景颇族自治州自治条例》相关规定要求：自治机关维护和发展平等、团结、互助的社会主义民族关系，提倡各民族干部群众互相尊重、互相学习、互相帮助，不断增强各民族干部之间、外来干部和本地干部之间的团结，共同为各项事业的发展作出贡献。

建州伊始全民垦荒

讲解政策

1996年9月，德宏州设立州民族宗教事务局，全面贯彻落实党的民族政策，重视并加强对少数民族经济社会发展情况的调研。先后起草了《中共德宏州委德宏州人民政府关于进一步加强新时期民族工作的决定》《德宏州扶持人口较少民族发展专项建设规划（2006—2010年）》《德宏州扶持人口较少民族阿昌族发展规划纲要（2007—2010年）》《上海市对口帮扶德昂族项目五年规划纲要（2006—2010年）》《德宏州傈僳族聚居地区经济社会发展规划（2007—2010年）》《德宏州边境少数民族景颇族聚居地区新农村试点村建设规划（2007—2010年）》及两个人口较少民族聚居的28个村委会"整村推进"发展总体规划。同时，积极开展专题调研，形成了《德宏州人口较少民族基本情况调研报告》《德宏州直过区基本情况调研报告》《边境乡镇少数民族基本情况调研报告》等多篇调研报告，为人口较少民族扶持政策的出台及加强新形势下民族工作提供了依据，为民族团结奠定了坚实的基础。

在全州各族干部群众的共同努力下，人民生活从"缺衣少食"到"总体小康"，实现了历史性跨越。德昂族、景颇族、傈僳族等"直过民族"从原始社会、奴隶社会"一步迈千年"，跨入社会主义社会，昔日的烟瘴边陲之地，变成了今天欣欣向荣的社会主义新边疆。

学习新技能（德昂族）

春之舞（傈僳族）

甜蜜的水酒（景颇族）

建设成就篇

一、经济建设

德宏建州以来,历届州委、州政府团结带领全州各族干部群众,坚持不懈地强基础、增后劲、促发展,全州经济总量不断增大,综合实力大幅提升,创造了令人瞩目的成绩。

截至2019年底,德宏州生产总值从1952年的2653万元增至2019年的513.66亿元,工业总产值从1952年的1万元增至2019年的185亿元,农林牧渔业总产值从1952年的3080万元增至2019年的159.46亿元。农民人均纯收入从1978年的87元增至2019年的11409元,城镇居民可支配收入从1992年的2226元增至2019年的31479元。三次产业结构调整为20.2∶21.0∶58.8;地方一般公共预算收入40.1亿元;社会消费品零售总额169.36亿元。对外贸易进出口总额从1952年200万元人民币增至2019年53.79亿美元,与76个国家和地区建立贸易往来。

在省委、省政府和州委、州政府的坚强领导下,德宏州坚持以习近平新时代中国特色社会主义思想为指导,团结带领全州各族干部群众,砥砺奋进,经济发展稳中有进,社会事业全面进步。

(一)民族地区脱贫攻坚

德宏州是典型的集"边疆、山区、民族、贫困"四位一体的民族自治州,贫困问题一直是制约全州经济发展、城乡和谐、民族团结的重要因素,做好扶贫开发工作具有重要的现实意义和深远的历史意义。州委、州政府高度重视扶贫开发工作,把扶贫攻坚作为最大的民生工程和全州实现科学发展、和谐发展的大事来抓。坚持民族因素与区域因素相结合、发展经济与改善民生相结合、释放政策动力与激发内生潜力相结合,完善体制机制和扶贫政策,加快民族地区发展,确保如期全面建成小康社会,确保不让一个兄弟民族掉队,不让一个民族地区落伍,脱贫攻坚工作稳步推进。

信贷部门组织发放扶贫信贷

阿昌族帮扶项目启动会

产业扶贫开发成为农户增收的重要渠道

一是整合力量，切实加大资金投入。专项脱贫、行业脱贫、社会脱贫三位一体合力攻坚，脱贫攻坚工作启动以来，德宏州始终紧紧围绕"两不愁三保障"标准和"六个精准"要求，截至2020年，累计投入各类扶贫资金129.09亿元，各项扶贫政策全面落实。围绕"两不愁三保障"总目标，抓好基础设施、居民住房、群众收入、素质提升，实施了一批基础设施、产业扶贫、易地扶贫搬迁、安居工程、劳动力转移培训项目，易地扶贫搬迁和农村危房改造任务全面完成。共新建、改建农村公路4500多公里，实现乡镇100%通硬化路、通客运班车、通邮件快递；行政村100%通硬化路，宽带网络和移动4G信号实现全覆盖；自然村100%通动力电；贫困人口饮水安全保障全部达标。累计发放贫困学生帮扶资金3.44亿元，惠及建档立卡学子11.74万人次，教育帮扶实现对全体建档立卡户及其子女从学前到大学"两个全覆盖"。

云南省烟草公司援建的梁河县曩宋乡关璋幸福小学

二是扎实开展精准识别和动态管理。2017年,全州组建贫困对象动态管理工作队2362支24103人,深入50个乡镇336个行政村,走访核查农户19.91万户85.69万人,采集、核查、比对、录入到村信息3072条,到户信息856912条,通过贫困对象动态管理,全州建档立卡贫困人口38665户146795人,其中未脱贫建档立卡人口有12353户42643人,贫困发生率为4.66%。实现了全州建档立卡贫困人口应纳尽纳"零漏评"、应退尽退"零错评"、应扶尽扶"零错退"。脱贫攻坚五年来,着力提升卫生健康服务能力和水平,建档立卡贫困群众100%参加基本医保和大病保险,门诊、住院报销比例100%达标,重点人群100%享受家庭医生签约服务,基本实现"小病不出村、大病不出县"。实现农村低保制度与扶贫开发政策有效衔接,发放贫困群众低保救助补助资金11.15亿元,基本做到应保尽保、应扶尽扶。

三是扶贫项目稳步推进。专项扶贫项目有序推进，教育部、三峡集团、云南烟草、中国有色、上海青浦等专项扶贫成效显著，行业扶贫、社会扶贫进一步深化。对口帮扶项目深入推进，2017年，省烟草专卖局对口阿昌族整乡推进整族帮扶，累计到位帮扶资金6亿元，累计完成投资5.35亿元（烟草帮扶4.04亿元，部门整合1.31亿元）；三峡集团对口帮扶景颇族精准脱贫项目，累计到位资金3.8亿元，累计完成投资2.05亿元；沪滇对口帮扶项目到位帮扶资金4250万元，帮扶项目已全面启动。易地扶贫搬迁行动计划加快，共实施易地扶贫搬迁项目161个，涉及建档立卡贫困户4500户17938人，并持续做好易地扶贫搬迁配套基础设施、产业培育、就业扶贫等"后半篇文章"，基本实现贫困群众"搬得出、稳得住、能发展"。

四是行业扶贫更加深入。以党建、扶贫双推进为抓手，整治软弱涣散基层党组织，选优配强基层党组织书记，发挥党员"带头脱贫、带领脱贫"的作用，加大基层活动场所建设力度，提供坚强组织保障。加大传统产业、高原特色产业、冬季农业开发和养殖业扶持力度，深入推进产业扶贫。实施教育扶贫，实现建档立卡贫困户在校学生学费补助不分民族、不分学制的帮扶全覆盖。推进健康扶贫，取消门槛线、降低起付线、提高报销比例，实行大病保险和大病救助，解决贫困户因病致贫、因病返贫问题。开展贫困人口技能培训，实行农村最低生活保障兜底脱贫，对贫困残疾人实施免费配备辅助器具、残疾人家庭无障碍改造，帮助残疾人创业就业。选聘贫困人口为生态护林员，按每年人均1万元支付管护费，使林区建档立卡贫困群众直接受益。

德宏州政府聚焦"两不愁三保障"，对中央巡视反馈问题及省成效考核指出问题整改，各项扶贫政策全面落实，易地扶贫搬迁和农村危房改造任务全面完成。同时，扎实推进教育部、三峡集团、云南烟草、中国有色、上海青浦等专项扶贫工作，行业扶贫、社会扶贫进一步深化。截至2020年，全州4个贫困县已脱贫摘帽，186个贫困村全部出列，14.91万人实现脱贫，景颇、阿昌、德昂等人口较少民族和"直过民族"实现整族脱贫，贫困发生率从16.05%降至0.3%，4个"直过民族"和人口较少民族实现整族脱贫，全州脱贫攻坚取得决定性胜利。

云南省劳教局资助建设的陇川县帮景小学

三峡集团帮扶项目黑山景颇特色村

（二）特色优势产业

20世纪50年代以前，德宏由于生产力水平低下、生产方式落后、农业基础薄弱，几乎没有工业和现代化基础设施。近年来，德宏在国家的大力支持帮助下，农田水利、交通、能源、市政等基础设施建设取得了突破性进展，德宏州"大生物、大旅游、大能源、大制造、大服务"五大特色优势产业稳步发展。

大生物产业：即以生物为原料，包括种植、加工、制造、配套产业在内的产业群。德宏素有"天然温室"之称，又拥有丰富的土地资源，二者为扩大甘蔗种植提供了必备的客观条件。制糖业的振兴带动了机械、建筑、运输等服务行业的发展，并推动了道路建设和农村运输业发展。德宏州是全国少数亚热带地区之一，农业生产及其产品独具特色。德宏水稻过去以软米为主，由于种植历史悠久，当地农民培育了许多软米品种，如毫马约、毫咩乃、毫目细、毫荷良、毫八宛等，其中尤以毫目细品质最为优良。近年来，德宏州香软米（贡米）、蔗糖、茶叶、橡胶、奶水牛、咖啡、坚果、柠檬、油料、烟叶、药材、蔬菜等优势特色产业不断做强做大。咖啡是德宏州最具特色的一个优势产业，"后谷咖啡"蜚声海内外，德宏后谷咖啡有限公司成了全国最大的咖啡种植、加工、销售的民营企业。德宏州荣获"中国咖啡之乡"称号，中国咖啡工程研究中心也落户德宏州。到2020年，德宏州生物产业产值突破500亿元以上，增加值突破300亿元以上。

大旅游产业：歌曲《有一个美丽的地方》传唱大江南北，描绘的是德宏州如画美景。德宏州旅游资源丰富、民族风情浓郁，旅游文化产业迅猛发展，旅游业成为德宏的支柱产业之一。截至2019年，德宏日均航班量达50余架次，全年接待国内外游客2945.72万人次，旅游业总收入564.07亿元。

大能源产业：德宏州水资源丰富，江河平均产水量136.3亿立方米，有水资源总量218亿立方米，人均占有约2万立方米，高于全省、全国人均占有量。水能理论蕴藏量为362.4万千瓦，其中，大盈江的水能蕴藏量为152.97万千瓦，丽江为113.6万千瓦，目前利用率不到10%。未来将依托区位优势，做强水电，加快发展天然气利用，积极发展太阳能、风能、地热能、生物质能等新能源，构筑德宏大能源开发新格局，重点建设"1大水电项目、1大电网骨干工程、2种能源利用、3条天然气支线、4类新能源开发"的"11234"发展格局。

"大制造"产业：实现了从无到有、从单一向多元、从低层次向中高端、从"零星手工"到"德宏制造"的历史性跨越。以瑞丽试验区为引擎，立足国际国内两种资源、两个市场，确立了装备制造、生物医药和大健康、旅游文化、食品和消费品制造、高原特色现代农业、现代物流产业、电子信息、航空八大重点产业发展目标，大康肉牛、北汽瑞丽、银翔摩托、上海东方国际、江苏业勤、雅戈尔、华侨城、凯喜雅、安琪酵母、深圳宝能、康佳电子、淘宝、天猫等一批大企业相继落户德宏州。

大服务产业：德宏州提出包括现代物流业、商贸流通业、金融保险业、信息服务业、服务外包业、科技服务业、公共服务业、新兴服务业及其他服务等产业群。服务业的发展水平和层次有了提升，新兴服务不断涌现，对经济发展的拉动作用和影响力不断增强。滇缅公路成为了高等级的320国道直通"天涯地角"，实现环州公路骨架网的编织和乡村公路"村村通"；实现了"村村通电"的目标。城镇化进程明显加快，交通、市政、能源、水利等市政基础设施建成使用，全州城镇化率达到37.53%，芒市荣获国家卫生城市、省级园林城市称号。

"五大产业"支撑着德宏州未来的发展，与百姓生活息息相关。"乘瑞丽航空、驾德宏汽车、骑德宏摩托、看德宏电视、打德宏手机、穿德宏服装"已成为德宏州产业发展的生动写照。

德宏这片曾经生产落后、田园荒芜、百业萧条的边陲之地，如今正在加快科学发展、和谐发展、跨越发展步伐，处处生机蓬勃、日新月异、欣欣向荣。德宏州各族人民满怀信心，积极建设富裕开放、和谐安宁的社会主义新边疆。

生物产业

黑木耳产业

生物产业转型升级发展

有机水稻种植基地

欧盟水牛养殖

瑞丽大通塑料制品

首台"瑞丽制造"汽车下线

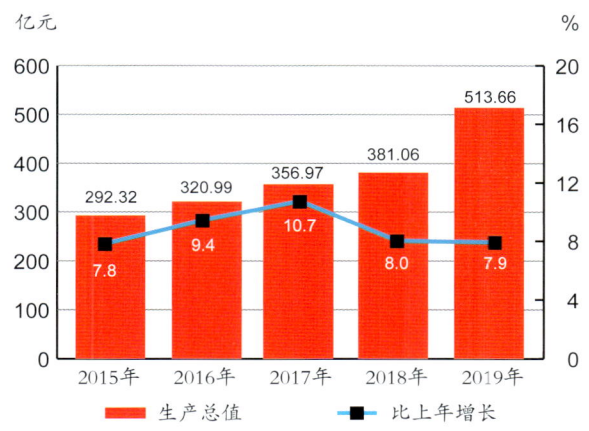

2015年—2019年德宏州生产总值及其增长速度

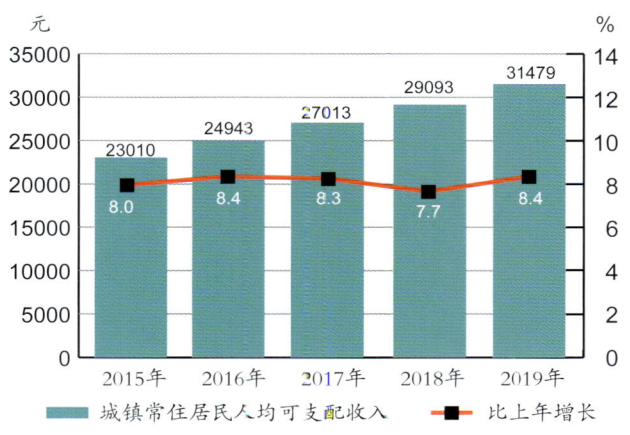

2015年—2019年德宏州城镇常住居民人均可支配收入及其增长幅度

2015年—2019年德宏州农林牧副渔总产值及其增长速度

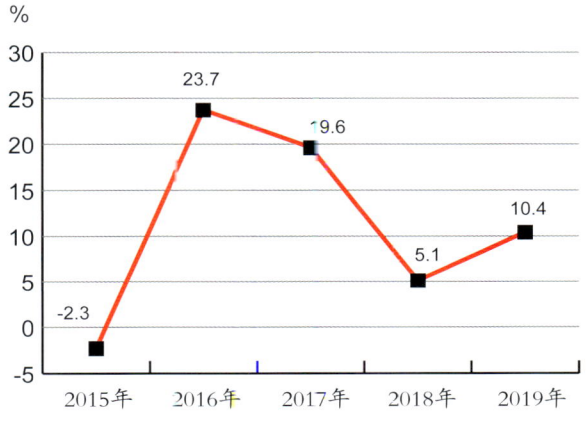

2015年—2019年德宏州固定资产投资增长速度

2015年—2019年德宏州对外贸易进出口总额及其增长速度

2015—2019年德宏州地方一般公共预算收入及其增长速度

（三）交通、能源、水利、城市等基础设施建设发展情况

德宏是古代南方丝绸之路的必经之地。南方丝绸之路从大理经博南古道至保山，其主线过腾冲进入梁河、盈江，经芒允或芒线出境。另有支线从龙陵到芒市，经遮放至畹町出境。为了沟通内地与边疆的联系，历代封建王朝也曾修筑过驿道，但仅能供骡马通行。抗日战争期间，为了从缅甸抢运援华军事物资，于1938年开通滇缅公路，通过今德宏境内的有108公里，起于龙陵县双坡丫口，经芒市、遮放过黑山门进入畹町，止于畹町桥中心线。滇缅公路开通以后，德宏有了真正意义上的公路运输业。公路运输是德宏州最主要的运输方式，全州98%的客运量、99%以上的货运量依靠公路运输实现，公路运输业的发展带动了德宏经济。

经过70多年的发展，今天德宏州的交通、市政、通信、能源、农田水利等基础设施建设突飞猛进，城乡面貌日新月异。交通建设步伐加快，公路通车总里程从1952年的119公里增至2018年的8213公里。2019年，综合交通投资完成89亿元，腾陇高速梁河段建设完工，大瑞铁路德宏段、芒梁高速稳步推进，章八公路改造工程开工，木姐至曼德勒铁路前期工作取得重大进展。芒市机场航空口岸正式开放，新开通8条航线，其中国际航线2条、国内航线6条，日均航班量达50余架次，货邮吞吐量突破1万吨，旅客吞吐量突破200万人次，其中国际旅客吞吐量近4万人次。芒市至缅甸国际航线境内段航程由1309公里优化为359公里，次区域枢纽机场功能显著提升。陇川通用机场完成基本建设，即将试飞。水利建设力度加大，麻栗坝灌区、龙江引水等重大水利工程加快推进，实施农村饮水巩固提升工程86件，受益人口4.1万人。水库移民避险解困项目进展有序，43个农垦项目全面推进。能源保障进一步优化，提前完成新一轮农网升级改造目标，坝托变、胜隆变、梁河网架优化工程投入运营，天然气供气管网基本覆盖城区。信息基础设施更加完善，4G网络覆盖率达97%以上，光纤网络覆盖率达98%以上，5G试商用同步开展，"德宏云"大数据中心启动建设。瑞丽国际陆港、芒市国际物流园规划建设有序推进。工业园区标准厂房等配套基础设施建设有新突破。积极实施"美丽县城"建设和特色小镇创建，公共交通、停车泊位等市政公共服务产品不断增加，城市污水集中处理率达86%。德宏师专图书馆工程荣获国家优质工程奖。常住人口城镇化率提高到46.3%。

德宏州内公路等级不断提高

德宏州加快建设高速公路网、铁路网、通讯网、电力网、油气管网、航空网"六位一体"现代国际交通运输体系，积极推动构建"中国昆明—瑞丽—缅甸木姐—曼德勒—皎漂—孟加拉国吉大港—达卡—印度加尔各答"交通干线及中缅跨境通讯信息网络，推进跨境客货运输、国际商务旅游的便利化、自由化，形成相互间快捷、安全、高效和各种运输方式布局合理、优势互补、分工明确、衔接顺畅的区域性国际大通道。德宏州背靠国内广阔的市场，直接面对南亚、东南亚18亿人口的大市场，正把通道优势、区位优势转化为发展优势，积极加快产业基地建设。

龙瑞高速公路建成通车

2015年10月，瑞丽综合客运枢纽站投入营运，为联通东南亚、南亚及中国内地客流、物流奠定了基础

电力通道

电力网

芒市机场迈入国内中型机场行列

瑞丽航空成为云南省首家民营航空企业

1987年，国务院批准瑞丽为国家一级口岸

（四）沿边开放水平及对外贸易的发展

德宏州是中国西南部开放"前沿的前沿，窗口的窗口"。德宏州三面与缅甸接壤，国境线长503.8公里，占中缅国境线全长的1/4。毗邻的缅甸资源丰富、区位优势独特，德宏州成为发展区域经济特别是开放型经济，面向南亚、东南亚，走向世界的重要地区。仅以交通为例，从德宏瑞丽出境至缅甸古都曼德勒430公里、至缅甸首都内比都670公里、至缅甸仰光980公里、至皎漂港900公里；从陇川出境至缅甸八莫港92公里；从盈江出境至缅甸克钦邦首府密支那92公里，至印度阿萨姆邦650公里；从昆明经德宏出境缅甸至印度洋，比从东部沿海绕道马六甲海峡运距可缩短3600公里、运时减少15天左右、运输成本降低40%-60%，是中国走向印度洋最安全、最便捷、最经济的陆路通道。

历史上，德宏是南方古丝绸之路的要冲、史迪威公路与中缅公路的交汇点。现如今，德宏州是中国面向南亚、东南亚开放的黄金通道、实施"一带一路"倡议的重要环节、孟中印缅经济走廊的关键点。

1952年畹町开放为国家级口岸；1985年德宏州全境开放为边境贸易区；1992年设立国家级瑞丽、畹町边境经济合作区；2000年设立"境内关外"姐告边境贸易区；2012年成立瑞丽国家重点开发开放试验区，创造了边民互市、境内关外、瑞丽试验区、党政军警民合力强边固防等改革典型、开放先例。

德宏州位于中华经济圈、东南亚经济圈、南亚经济圈结合部，是中国连接印度国际大通道的要冲，拥有瑞丽国家重点开发开放试验区，瑞丽、畹町2个国家一类口岸和国家级边境经济合作区，章凤、盈江2个国家二类口岸，28个渡口、64条通道、9条公路通往缅甸，在"一带一路"和孟中印缅经济走廊建设中，具有区域位置佳、通道基础牢、人文交融深、开放互动实、合作成果多等优势。

德宏州与76个我国周边国家和地区建立贸易往来，对外贸易进出口总额从1952年的200万元增至2019年的370.28亿元，全州口岸进出口总额115.96亿美元。其中，瑞丽口岸进出口总额109.52亿美元、盈江口岸进出口总额3285万美元、章凤口岸进出口总额31449万美元。2019年，德宏州进出口货运量1905万吨，出入境交通工具491.26万辆次，出入境人员2143.42万人次。

20世纪90年代初出口缅甸的中国汽车

德宏口岸已成为云南乃至全国沿边口岸综合流量最大的地区。同时，德宏州全方位搭建对外交流平台，在缅甸内比都、仰光、曼德勒等地设立6个德宏州驻缅商务代表处，与缅甸商务部、旅游部和缅甸木姐地区宣传部等部门建立每年定期会晤机制；打造跨喜马拉雅发展论坛、中缅边境经济贸易交易会、中缅智库高端论坛、中缅胞波狂欢节、"一马跑两国"中缅跨国马拉松赛、中缅"两国双城"自行车跨国越野赛、"丝路光影"国际微视频德宏影展等一批经贸文化交流品牌活动。德宏州成为了我国沿边开放的最前沿。

长期以来，德宏州依托与缅甸的独特地缘、商缘和人文优势，开展了官方、民间全方位、多种形式的交往交流活动，加强中缅文化交流，连续举办了18届中缅胞波狂欢节和17届中缅边境经济贸易交易会。积极培育发展中缅边境游，推出了中缅边境一日游、中缅边境自驾车游等产品。2018年接待边境出境一日游团体9997个、41127人次，组织开展首届中缅媒体年度见面会和中缅经济走廊联合采访活动，创办承办中缅智库高端论坛、跨喜马拉雅发展论坛、孟中印缅系列论坛等13个国际性会议。

1952年设立的畹町国家级口岸

1991年，云南省政府批准设立姐告边境贸易经济区；2000年国务院批准按照"境内关外"的方式设立姐告边境贸易区

1991年，国务院批准章凤为省级口岸

瑞丽国家重点开发开放试验区建设启动仪式

1992年，国务院批准瑞丽畹町为"边境开放城市"

2012中缅边交会会场。缅甸政府把木姐开放为对华边境贸易一类口岸，把105码至中缅边界线的木姐辖区开辟为特殊经济区

滇缅和谐发展经贸合作论坛

中国—缅甸自驾车友谊之旅首发式

连接瑞丽市区和天涯地角姐告的公路桥——瑞丽姐告大桥

姐告开拓者雕塑

仅以姐告口岸为例，云南边贸进出口商品总额的 50% 均从此进出，人员和车辆出入境均保持在云南省第一位，全国陆地口岸第三位。姐告口岸位于瑞丽江东侧，总面积 1.92 平方公里，国境线长 4.18 公里，东、南、北三面与缅甸木姐市相连，一面与瑞丽市区隔江相望。姐告为傣语，意为"旧城"，1987 年被列为我国西部沿边实行双向开放的重点地区，1991 年 2 月被批准设立"姐告边境贸易经济区"，2000 年经国务院批准按照"境内关外"的方式设立姐告边境贸易区，是国家级口岸，成为中国通向东南亚、南亚各国的窗口和门户，具有重要的经济和战略地位。当年，建设者们在荒滩上以 20 万元起家，今天，高楼、绿荫、商铺、人流，尽显姐告齐全的城市功能。以傣族为主，居民 2000 余人，常住人口为 1.5 万余人。姐告具有鲜明的边境特点和民族特点，来自境外的客商与当地各族居民和睦相处，姐告边贸的发展取得了良好的综合效益。

在德宏州这条和平边境线上，呈现出"一院两国""一井两国""一寨两国""一河两国"，甚至"一坝两国三城"的边境奇观，中缅两国边民世代友好，边境和谐安宁。

芒市三台乡允欠民族特色村景颇族民居

（五）特色村寨保护

随着少数民族特色村寨保护与发展工作广泛开展，德宏州在保护少数民族传统民居、弘扬少数民族优秀文化、培育当地特色优势产业、开展民族风情旅游、改善群众生产生活条件、增加群众收入和巩固民族团结等方面取得了显著成效。

德宏积极贯彻、落实、实施《云南省人民政府关于加快推进民族特色旅游村寨建设工作的意见》，整合各部门力量，依托生态环境优美、民族风情独特、地域文化底蕴深厚等资源优势，因地制宜推广"生态景观+特色村寨""自然资源+特色村寨"，打造一批具有代表性的民族特色旅游村寨，推动全州民族村寨建设和乡村旅游快速健康发展，促进民族团结进步边疆繁荣稳定示范区建设。同时，采

芒市风平镇遮晏民族特色村传统民居

芒市五岔路乡弯丹民族特色村景颇族民居

盈江县勐弄乡勐弄民族特色村民居

盈江县苏典乡苏典下勐劈民族特色村全貌

取"一个民族一个行动计划""一个民族一个集团帮扶"模式，因族因村施策，动员和引导三峡集团、华能集团、大唐集团、云南中烟工业公司、云南烟草专卖局（公司）等中央或省级企业集团，结对帮扶德宏傈僳族、阿昌族、景颇族、德昂族等"直过民族"和人口较少民族，推动脱贫攻坚，实现边境地区兴边富民、稳边固边、建设小康社会。

截至2017年3月，德宏州有12个少数民族特色村寨命名挂牌，品牌影响力和辐射力不断加强。

瑞丽市勐卯镇姐东喊沙民族特色村民居

陇川县章凤镇芒弄广山民族特色村景颇族民居

二、政治建设

德宏州历来重视加强党的政治建设，坚持和加强党的全面领导，推进全面从严治党向纵深发展，不断提高党的执政能力和执政水平，确保全州统一意志、统一行动、步调一致向前进。在认真行使《中华人民共和国民族区域自治法》所赋予的各种权利、依法行政的同时，用好、用活既有的政策，充分调动各族人民建设社会主义新边疆的积极性，使全州政治、经济、文化等各个领域都得到较快的发展，实现了民族平等、民族团结、共同进步和共同繁荣。

党的十八大以来，全州各族人民全面深入贯彻落实党的十八大精神，以习近平新时代中国特色社会主义思想为指导，牢牢把握主题主线，紧紧围绕与全省全国同步全面建成小康社会这个目标，按照"增四倍、翻两番、增两倍、奔小康"的要求，以桥头堡黄金口岸和瑞丽国家重点开发开放试验区建设为总抓手，以建设美丽德宏为总要求，全力推改革扩开放，建设活力德宏；夯基础强产业，建设富强德宏；兴文化促团结，建设和谐德宏；优生态惠民生，建设幸福德宏；抓实基层，打牢基础，不断提高边疆党的建设科学化水平，奋力开创德宏科学发展、和谐发展、跨越发展创造出新局面。

（一）党的建设及各项政策执行情况

1953年以来，德宏州先后颁布了《云南省德宏傣族景颇族自治州自治条例》《云南省德宏傣族景颇族自治州边境经济贸易管理条例（试行）》《云南德宏傣族景颇族自治州饮用水水源保护条例》等地方法规。

1955年8月，德宏傣族景颇族自治区首届各族各界人民代表大会第三次会议召开，审议通过了《德宏自治区和平协商土地改革条例》《德宏自治区划分农村阶级成分办法》《德宏自治区债务及土地抵押典当纠纷处理办法》。

建州以来，历次人大会议作出了一系列决议，主要有：《德宏自治区各民族人民团结公约》《当前边疆民族地区发展生产的十五项具体政策》《关于自治区三年来工作报告的决议》《关于在祖国各民族大家庭中为积极完成社会主义改造建设繁荣幸福的德宏傣族景颇族自治州而奋斗》《关于德宏自治区景颇族地区工作报告的

  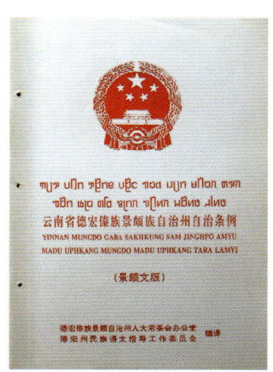 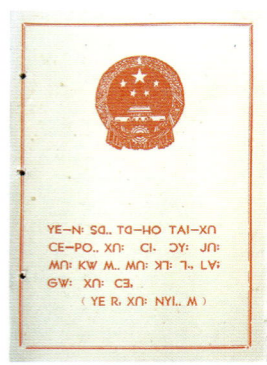 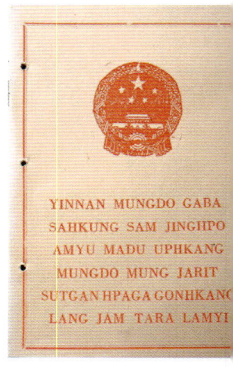

德宏州先后颁布了《云南省德宏傣族景颇族自治州自治条例》等一系列政策法规，自治权得到充分行使，基层民主建设不断加强

决议》《关于自治州人民委员会工作报告的决议》《关于更改建州日期的决议》《关于调整自治州建制问题的决议》。

1985年1月，修订《德宏傣族景颇族自治州自治条例（草案）》；1987年10月1日，颁布施行《德宏傣族景颇族自治州自治条例》；制定了《德宏傣族景颇族自治州关于贯彻执行〈森林法（试行）〉的补充规定》《德宏傣族景颇族自治州能源管理暂行规定》。

1990年10月1日，《德宏傣族景颇族自治州禁毒条例》施行。1992年5月，州人大九届六次会议审议通过了《德宏傣族景颇族自治州边境经济贸易管理条例（试行）》。

州人大制定的地方性法规还有：1983年4月，州人大八届一次会议通过的《关于恢复和建立民族节日的决定》《关于开展"民族团结月"活动的决定》《关于计划生育若干问题的决定》。

建州以来，党的建设在德宏州得到全面加强，特别是党的十八大以来，德宏

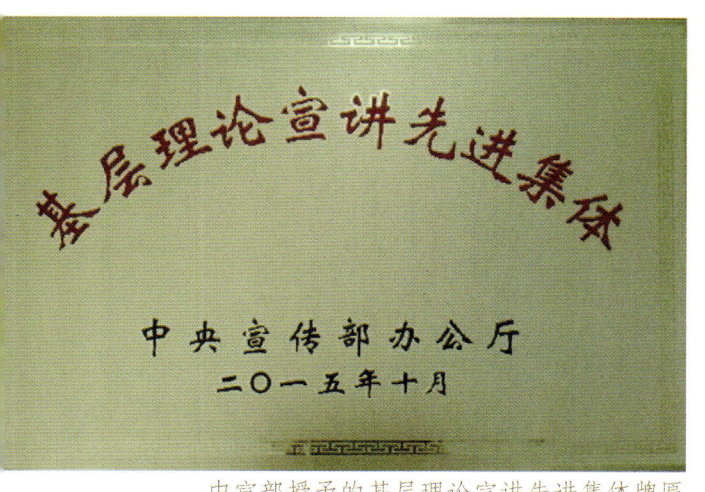
中宣部授予的基层理论宣讲先进集体牌匾

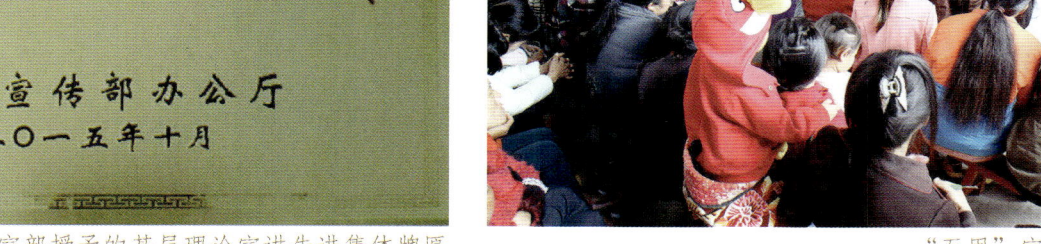
"五用"宣传团开展宣讲

州紧紧抓住全面从严治党的根本，落实管党治党的责任，"五用"并举，强化理论武装，着力提高党的领导能力和水平，积极建设忠诚干净担当的高素质干部队伍，扎实开展党风廉政建设和反腐败斗争，党的执政能力进一步提高，执政地位进一步巩固。

德宏州历来高度重视民族干部的培养和选拔，注重在基层群众中发现和培养骨干积极分子。早在20世纪五六十年代，在坝区和平协商土改及山区社会改革以后，吸收了一大批农民出身的各民族干部，还通过州县举办各种短训班、创建州民族干部学校以及选送到省民族学院、西南民族学院和中央民族学院进修深造，培养了一批批民族干部，他们走上不同的工作岗位，充实了各条战线的工作力量。

自20世纪50年代以来，州、县、区、乡各级领导干部中，都有相当比例的民族干部。1954年底，全州有民族干部727人。至1985年底，全州有民族干部5772人，比1954年增加6.9倍。州级领导干部中民族干部16人，约占州级干部总数的76%；县级党委常委中少数民族15人，占48.39%；正副县长中少数民族19人，占55.88%。全州有县处级干部253人，其中民族干部108人，占42.69%。至2004年末，全州干部总数为26924人，其中少数民族干部9429人，占总数的35.02%。

德宏民族出版社为芒市德昂族三台山乡的德昂族群众送去《习近平总书记系列重要讲话读本》

阿昌族群众围在一起用阿昌山歌传唱习总书记考察云南重要讲话精神

景颇族干部到基层给群众讲解党的富民政策

傣族老大妈通过傣文报纸学习党的创新理论

德宏州各级政府"用民族干部宣传、用民族语言讲解、用民族文字阐释、用民族节庆展示、用民族文化体现"的"五用"宣讲团队深入基层，深入群众，大力宣传党的理论政策，以中央精神统一思想、凝聚力量。宣讲中涌现出一批长期扎根基层、默默奉献的宣讲先进集体和个人。2015年，德宏州"五用"宣讲团被中宣部评为"基层理论宣讲先进集体"，成为全国32个基层理论宣讲先进集体之一，也是云南省唯一获此荣誉的单位。

德宏州举行党的十八大精神"五用宣讲进村寨"活动

多年来，在德宏州坚持不懈的努力下，勤劳勇敢的德宏各族人民创造和积累了丰富而宝贵的经验。实践证明，坚持中国共产党的领导是做好德宏各项工作的根本保证。始终坚持解放思想、实事求是、与时俱进，始终坚持以经济建设为中心、坚持改革开放不动摇，始终坚持从州情出发探索具有德宏特色的发展模式，始终坚持维护民族团结和边疆稳定，是做好德宏州各项工作的重要基础。

（二）人大政协建设

德宏傣族景颇族自治区的诞生，标志着在中国共产党领导下各族人民拥有了行使民族自治的权利，各民族一律平等，共同参与管理区域内的事务。在中国共产党的领导下，德宏的政治、经济、社会面貌发生了翻天覆地的变化，全州各族人民的民主政治生活也经历了各族各界人民代表会议到人民代表大会制的历程，自治州人民代表大会走过了建立、中断、恢复并不断发展的不同阶段。

1983年，德宏州人大常委会设立，标志着地方国家权力机关的体制逐步健全和人民代表大会制度不断完善。党的十一届三中全会以来，德宏州人大及其常委会，在省委、州委的领导和省人大常委会的指导下，坚持党的领导、人民当家作主和依法治国的有机统一，注重人才建设工作，始终围绕中心，服务大局，紧紧依靠全州各族人民，认真履行宪法和法律赋予的各项职权，在德宏州改革开放和社会主义现代化建设中发挥了不可替代的作用，为促进边疆经济发展、社会和谐稳定、民族团结进步及推进社会主义民主政治建设作出了重要贡献。人大建设主要围绕五个方面进行：

第一，把好质量关，依法行使人事任免权。在人事任免工作中，始终坚持党管干部原则，确保党委人事任免意图得以实现。1983年至1998年德宏州人民代表大会及其常委会先后选举或任命人大、州政府、法院和检察院各级领导干部和专业人员621人（次），其中选举115人（次），任免506人（次）。1998年至2015年，州人大常委会先后任免各级领导干部和专业人员908人（次）。

第二，加强监督，充分发挥现有人才资源的主观能动性。对人民代表大会选举产生和常委会任命的领导干部和专业人员进行必要的事后监督，确保人才资源使用安全合理，防止腐败滋生。历任人大常委会紧扣环保、民生等社会关注度高、群众反映强烈、影响改革发展稳定大局的热点、难点问题，积极探索和适时采取专题询问、质询、特定问题调查等监督手段进行监督。对常委会上形成的决议决定和审议意见，建立督办和报告制度，做到跟踪问效，直到问题解决，努力实现人大监督由程序性监督向实质性监督的转变。扎实履行好监督职能，做到敢于监督、善于监督、勤于监督。对有利于改革发展的重大事项，积极参与、全力支持、依法促进。对事关改革发展的重大问题，持续跟进、盯住不放、一抓到底，使人大监督有力度、有深度、有成效，为全面深化改革提供支持保障。

第三，加强法律法规实施情况的检查及以特定问题视察、调查。执法检查既是检查一级政府及其职能部门、法院、检察院是否遵守宪法和法律，严格依法办事、秉公执法、公正司法，同时也是检查人大及其常委会选举任命的管理人员和专业人员的素质情况的主要渠道。州人大每年都围绕全州工作重点安排，如环境保护、依法治理、民族文化、教育、科技、卫生等内容进行视察、调查。

第四，开展述职评议活动。为加强州人大常委会监督工作，促进"一府两院"及有关部门特别是人大及其常委会选举任命的人员依法行政、公正司法，保障法律法规在本行政区域内贯彻实施，推动州委重要工作部署的落实。通过《德宏州人大常委会工作评议暂行办法》，对工作评议的对象、内容、原则、方法、程序作出了具体规定。

第五，规范文件的备案审查。州人大常委会对规范性文件的合法性、科学性、可行性进行审查，代表人民参与管理本行政区域内的具体事务，使权力的行使不致于脱离民主与科学的轨道，防止权力滥用。通过有效的审查监督，督促部门整改、促进工作，保障法律法规在本行政区域内得到正确实施。

针对德宏州是一个以农业为主、经济欠发达的州市的实际情况，州人大常委会立足德宏州农业生态资源保护和边疆民族"三农"工作实际，积极开展涉农立法工作，先后组织开展了《云南省德宏州村庄规划建设管理条例》《云南省德宏傣族景颇族自治州饮用水水源保护条例》《瑞丽江—大盈江国家级风景名胜区保护条例》等立法工作，为推进德宏州农业经济发展和农业农村建设做出了贡献。《云南省德宏傣族景颇族自治州德宏咖啡产业发展条例》2014年出台，在产业发展立法方面做了有益探索，填补了产业发展立法的空白。《云南省德宏傣族景颇族自治州村庄规划建设管理条例》将村庄规划建设管理工作纳入法治轨道。德宏州泼水节广场、目瑙纵歌节广场、瑞丽喊沙民族文化村、瑞丽银井"一寨两国"等一批民族文化示范点的建成，成为彰显德宏民族文化的亮点，推动德宏州城乡规划建设迈向一个新的台阶。

德宏州人大及其常设机构州人大常委会，依据《中华人民共和国宪法》《中华人民共和国民族区域自治法》等法律规定，结合州内实际，认真做好地方立法工作，保障宪法和法律的贯彻实施；对州内经济、文化、教育、民族、民政等各方面的重大事项进行讨论决定；加强对人民政府、人民法院、人民检察院的监督；加强与广大人民群众的联系，倾听各族人民的意见，认真处理人民来信来访；时刻谨记人民代表大会制度的光荣使命，从实现党的历史使命的高度认识做好新时代人大工作的重要意义，进一步增强长期坚持、不断完善人民代表大会制度的自觉性、坚定性，进一步提高新时代人大工作的责任感、使命感，着力"两个机关"建设，为推动全州高质量跨越式发展，发挥了地方国家权力机关的职能作用。

1956年5月4日，政协德宏州委员会成立，多年来秉承"关注民生、反映民情、转达民意、谋求民利"的信念，立足德宏边疆民族地区实际，认真履行政治协商、民主监督、参政议政职能，在争取民族上层人士、团结各族各界群众、巩固新生的人民政权、实现和平协商改革、服务社会主义革命和建设、促进改革开放和社会主义现代化建设中发挥了不可替代的作用，在发展社会主义民主政治、推进中国特色社会主义伟大事业、促进德宏州经济社会发展中作出了重要贡献。

1956年至1966年，政协德宏州委员会遵照上级党委提出的"团结第一、工作第二"的工作原则，注重安排少数民族上层人士和统战对象担任政协领导班子成员和政协委员，组织他们学习党的统一战线方针政策和国家的法律法规，安排到昆明、北京等地参观考察，拓宽视野、丰富知识、提高思想觉悟。充分发挥在各族各界群众中的影响作用，使德宏州的统一战线工作得到不断加强。一大批少数民族上层人士在人民政协这一爱国统一战线组织里，实现了从土司、山官到人民公仆的转变。通过做好少数民族上层人士和统战对象的工作，有效地维护了边疆稳定和民族团结，使德宏州顺利地完成了"和平协商土地改革"和"直接过渡到社会主义"的重大社会改革任务，为边疆民族地区社会主义建设提供了重要保障。

1983年4月，经中共云南省委批准，政协德宏州第五届委员会第一次全体会议在芒市召开，政协德宏州委员会恢复。政协始终坚持团结和民主两大主题，围绕中心、服务大局，推动科学发展，促进社会和谐。通过开展工作调研、视察，为德宏经济社会发展建真言、献实策，就全州经济、政治、文化、社会和生态等重大问题深入到不同行业和不同类型企业开展调研视察。通过开展民族宗教工作

表决相关决议

调研视察、参加宗教团体和信教群众座谈会"民族团结月"座谈会、参加各民族节庆活动、走访宗教界代表和相关人士等活动，广泛宣传党的民族政策和宗教政策，不断增进"各民族共同团结奋斗、共同繁荣发展"的共识，促进了民族团结、宗教和睦，在民族团结进步边疆繁荣稳定示范区建设中发挥了积极作用。在全州经济社会发展的重大决策、重要领域和关键环节，超前思考、深入调研，对全州宗教活动场所建设、殡葬改革、房地产去库存、保障性住房入住等群众普遍关注的问题进行专题协商，形成建议案等书面材料报送党委政府及有关部门，为党委、政府科学决策提供了前瞻之计，实现了政协协商民主与党政中心工作的同频共振、同轴共转。提出与民生息息相关的重点提案，促使一大批事关人民群众切身利益的问题得到有效解决。

1984年以来，政协组织征集出版文史资料《德宏土司专辑》《滇西抗战论文集》《德宏傣族新社会五十年》《中国景颇族山官》《德宏农业五十年》《滇缅抗战纪实》《德宏傈僳族百年实录》《人民政协成立60周年纪念文集》《梁河剿匪纪实》《德宏文物保护单位实录》《德宏古今丝绸路》等，发挥了人民政协文史资料"存史、资政、团结、育人"的社会功能。

经过数十年的努力，民族区域自治制度在德宏州得到全面落实，各族人民享有参与管理国家事务和参政议政的权利。2018年，州级少数民族人大代表165人，占州级人大代表的60%；州级少数民族政协委员170人，占州级政协委员的61%，各少数民族人大代表、政协委员依法依章程积极参政议政，各族人民真正当家做了主人。

德宏州人民政府始终把思想政治建设作为党的根本建设，不断巩固拓展主题教育成果，使全州政府系统广大党员干部始终做到不忘初心、牢记使命，坚定共产党人理想信念，为全面建成小康社会、实现德宏州高质量跨越式发展而不懈奋斗。

三、文化建设

德宏州文化建设围绕全州的现代化建设和经济文化的发展，以建设团结繁荣的自治州为主题，在基层文化基础设施建设、群众性文化活动、文学艺术创作、传统文化保护、文化体制改革以及文化产业开发利用等方面取得了一定的成绩。

文化体育事业亮点纷呈：德宏形象宣传片《打开世界的门》荣获两个国际奖项，傣剧《喃幕西双》获亚洲世界遗产影像展入围奖，张志强等3人荣获第十二届中国音乐金钟奖。金孔雀艺术团代表国家赴缅甸、泰国、乌拉圭等多国演出，大型原创傣族舞剧《孔雀飞起的地方》首次公演，文化惠民演出555场，观众近100万人次。整理翻译了贝叶经12部；畹町桥列入第八批全国重点文物保护单位。参与和举办各类体育赛事活动110场次，获第二届全国青年运动会金牌1枚、银牌2枚、铜牌3枚；《稻花鱼丰收赛》获全国第十一届民运会金奖；全民健身和群众体育活动蓬勃开展。

（一）教育事业发展成就

德宏各少数民族历史上没有进学校读书的习惯。傣族接受教育的方式是把男童送入寺院习读傣文佛经，其他少数民族历史上甚至没有文字。后来出现的景颇文、傈僳文系借用拉丁字母创制的拼音文字，其历史仅有百余年。清朝时期只有土司及其亲属子弟才有受教育的权利。清末，干崖土司刀安仁东渡日本留学，受到先进文化影响，深感边地教育落后，归国后在新城开办了军国民学校。1910年，殖边督办李日垓（哲学家艾思奇之父）开办了当地第一所初等小学。民国时期各地设立劝学所（实为初等小学校），后因经费缺乏而停办。自1916年起，外国传教士开始在景颇族、傈僳族地区兴办教会学校，先后办了8所。由于群众生活普遍贫困，只有少数人读得起书。

解放初期，全州没有一所中学。1950年4月以后，人民政府接管全部学校，按照"暂时维持现状，逐步改革"的方针，加强了省立小学，改造和裁并教会学校，充实了教师队伍。至同年秋季，各学校都如期开学。1952年建立了潞西民族中学和盈江旧城民族中学两所中学。从1953年到2012年，全州小学校在校生由1952年的7116人，增加到2012年的104506人。中学教育迅猛发展，中学由1952年的2所，增加到2012年的56所，在校生由1952年的78人，增加到2012年的73698人。高等教育从无到有，2012年全州有高等院校2所，在校学生7426人。师资队伍从弱到强，教师人数由1952年的330人，增加到2012年的11645人。各级各类学校为德宏州社会主义建设输送了大量专业人才，促进了经济社会快速发展。

建州以来，德宏不断改善办学条件，着力实施"科教兴州、人才强州"战略，形成了学前教育、义务教育、普通高中教育、职业教育、高等教育、干部教育、特殊教育等与经济社会发展相适应的现代民族教育体系，教育教学质量大幅提升。全州范围内普遍运用双语双文扫盲，充分体现了《中华人民共和国民族区域自治法》赋予少数民族群众的权利，既提高了少数民族的文化水平，同时也在扫盲工作的开展进程中，锻炼了一批双语双文教师，为办学提供了部分师资力量。

20世纪80年代的德宏州民族中学

20世纪90年代的扫盲夜校学员在认真学习、讨论

建设前的梁河县水箐小学

实施校安工程前破旧的校舍

2010年的德宏师专学生宿舍

2019年,全州有各级各类学校569所,学生263846人,教职工18186人,其中专任教师15942人。全州学前三年儿童毛入园率91.45%,九年义务教育巩固率96.06%,高中阶段毛入学率84.75%,残疾儿童入学率97.5%。2019年普通高中招生7237人,职业高中招生6356人。全州参加普通高考6290人,综合上线率99.79%,本科上线率54.19%。

民族中学采用多媒体设备授课

德宏师专傣族班学生在上民语课

小学教师参加培训

瑞丽三中田径运动场

　　进入新时代，德宏州教育事业将以习近平新时代中国特色社会主义思想为指导，全面贯彻党的教育方针，认真落实州委、州政府和省教育厅的工作要求，坚持和加强党对教育工作的全面领导，聚焦质量这个核心，启动义务教育质量提升和教师培训两个三年行动计划，攻坚控辍保学、高中普及、幼儿园定级、中职专业建设、乡村教师周转房建设五项"难题"，解放思想、提振信心、真抓实干，奋力推进德宏教育事业高质量发展、高标准普及、高水平治理。

德宏州民族第一中学

德宏州民族中学学生与前来交流、学习的缅甸侨生合影

（二）文化广播新闻体育事业蓬勃发展

德宏通过加强基层文化基础设施建设、开展群众性文化活动、鼓励文学艺术创作、保护传统文化、进行文化体制改革和文化产业开发利用等多重举措，加快文化事业发展步伐，开展文化传承创新与公益文化建设，实现文化惠民、文化兴边的发展目标。

截至2019年底，德宏州共有艺术表演团体7个、文化馆7个、文物管理所6个、公共图书馆8个。广播人口覆盖率98.5%，电视人口覆盖率98.9%。社会主义核心价值体系建设和公民思想道德建设全面加强，政府为全社会提供公共文化服务的能力和水平进一步提高。

公共文化服务体系建设

德宏州把文化阵地建设作为文化宣传工作的重要基础，切实加强基层文化基础设施建设。截至2013年，德宏州就初步建成了州、县（市）、乡镇（街道）、村（社区）四级文化网络服务体系，有州级图书馆1个、文化馆1个、文物管理所1个、民族艺术研究所1个、演艺团体3个（州民族文化工作团、州傣剧传承保护展演中心、州景颇民族文化工作团）；有县级图书馆5个、文化馆6个、县级文物管理所6个、县级文艺表演团体4个（芒市民族文化工作队、瑞丽市民族文化工作队、盈江县民族文化工作队、梁河县葫芦丝艺术团），业余文艺演出队407支；有州级电影公司1个、县级电影院3个、农村电影放映队62支；全州51个乡镇（含1个街道）均建立了文化站（宣传文化中心），达标48个，其中一级站1个、二级站20个、三级站27个；全州373个村（居）民委员会和613个村民小组有文化活动室；已建立1个州级和6个县（市）级文化信息资源共享工程支中心、44个乡镇信息资源共享工程基层站点，配备电脑264台；建立农家书屋393个，配置图书20多万册。通过实施中央广播电视节目无线覆盖工程、边疆"解五难"惠民工程、"西新工程"、广播电视"村村通、户户通"工程，中央及省级广播电视节目综合覆盖率分别达93.46%和93.68%，全州公共文化服务体系建设水平得到了进一步提高。

2013年，州和县市文艺团体开展演出活动400多场次；组织广场群众文化等相关活动600多场次，举办各类群众文艺晚会100余场次；派出文辅工作人员800

德宏州图书馆

德宏州文化馆

德昂族博物馆在芒市三台山落成

多人次,深入基层辅导群众,开展文艺辅导活动 200 多次,年辅导群众演员 8 万多人,辅导节目 300 多个;每年开展送书下乡活动数十次,向基层群众展出实用书籍 10000 余册,建立流动书箱 30 余个;积极推进电影放映"2131"工程,全州有 62 支农村电影放映队,年均完成放映近 4000 场次。

德宏州公共文化服务体系建设进一步推进。一是各县市文化馆、站、村社区综合文化服务中心建设,全州共提升改造县级文化馆 1 个(瑞丽市文化馆);提升改造乡镇综合文化站 7 个(芒市西山乡、芒市勐戛镇、瑞丽市弄岛镇、陇川县护国乡、盈江县旧城镇、梁河县大厂乡、梁河县河西乡);新建村社区综合文化服务中心 2 个(陇川县护国乡边河村、陇川县城子镇城子村);提升改造村社区综合文化服务中心 6 个(芒市勐戛镇勐稳村、芒市风平镇法帕村、芒市五岔路乡石板村、

"国门书社"对外免费汉语培训班授课现场

盈江县文化科技活动中心

盈江县盈湖公园

瑞丽市弄岛镇弄岛村、盈江县平原镇拉勐村、梁河县芒东镇芒东村）。二是开展全民读书活动，持续加大图书馆、文化馆等公共文化场馆的免费开放力度。三是推动数字图书馆示范工程建设。德宏州图书馆的24小时智能数字图书馆建成，成为了图书馆闭馆期间的补充和延伸。四是全面推进德宏州公共图书馆总分馆制建设工作。盈江、陇川两县市搭建了CSLN"网图"图书馆管理系统，州图书馆与芒市、梁河、瑞丽搭建了Interlib系统，德宏州图书馆总分馆系统建设积极推进。州图书馆、文化馆、博物馆的建设，开启了图书馆、文化馆和博物馆三馆融合发展的序幕，是德宏州公共文化事业的一大飞跃。

德宏少数民族语言文化译制传播中心配音人员对电影电视剧进行民语配音

广播电视新闻出版

1979年10月，德宏人民广播电台建成开播。州广播电台按时转播中央台和省台的联播节目以及省台的傣语、景颇语节目，自办节目使用傣语、景颇语、载瓦语、汉语四种语言播音，及时准确地宣传党的路线方针政策，宣传州内的重大事件。

德宏的新闻事业开始于1955年《团结报》的创刊。该刊后更名为《德宏团结报》，最初用汉、傣、景颇、傈僳4种文字出版，1985年增加载瓦文版，是全国唯一用五种文字出版的报纸。德宏历史上既没有报纸，也没有印刷业。最早的《团结报》是用古老的石印方式印刷，后来才有铅字印刷，并一直沿用到20世纪80年代后期。1981年7月，德宏民族出版社成立。德宏民族出版社是全国少有的综合性民族出版单位，主要以傣文、景颇文、傈僳文、载瓦文等少数民族文字出版图书，同时兼顾汉文出版，有少数民族文化读物、政治法律类读物、科技类和史志类读物等。20世纪80年代成立州语言文字指导委员会，是负责指导、规范、推广民族语言和文字的专门机构。

《有一个美丽的地方》的创作者杨非先生重返瑞丽创作地

中华人民共和国成立之前，德宏没有电影放映机构，普通老百姓对电影十分陌生。1952年，芒市驻军有了电影组，为部队和老百姓服务。改革开放以后，农村电影事业有了新的发展。2004年德宏民族影剧院建成。随着广播电视事业发展的稳步推进，公共文化服务水平不断提升。2019年加快推进了公共文化服务体系建设、广播电视重点工程建设。通过采用卫星、无线、有线等覆盖方式，广播电视人口综合覆盖率逐年提高，全州广播电视公共服务的数量、质量和水平得到了明显提高。广播电视从无到有，实现了"村村通"（"户户通"）。同时认真开展农家书屋、文化信息资源共享、农村电影放映、国门书社、党报免费赠阅点、边境文化长廊、乡镇综合文化站和村文化活动室等文化惠民工程建设，公共文化服务水平不断提升。

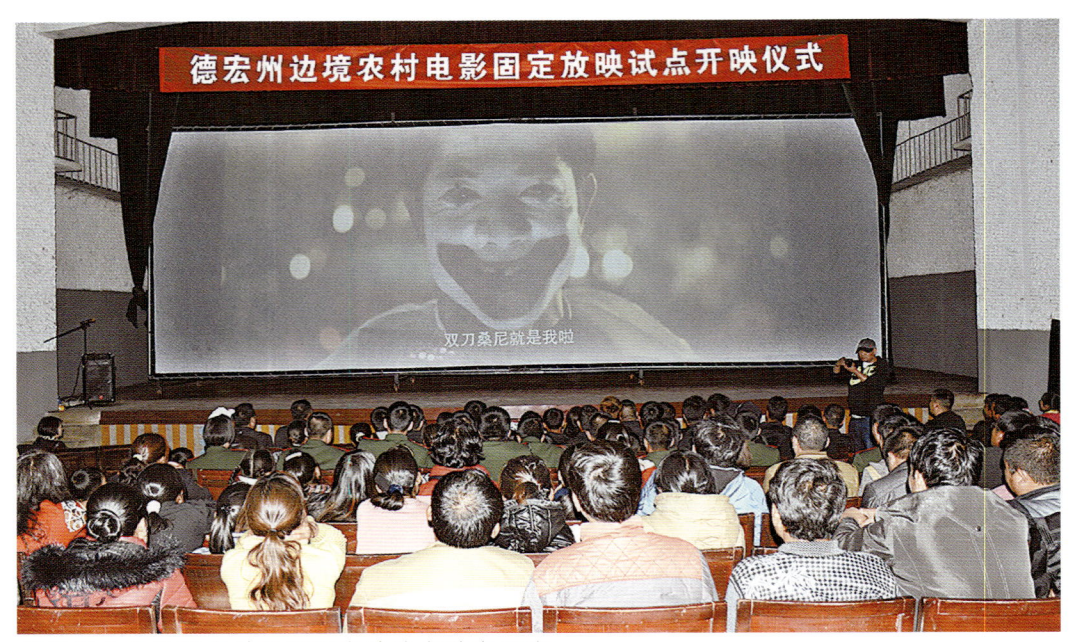

德宏州首个边境农村电影固定放映点落户芒海

德宏题材的文学作品出版，加深了人们对德宏的认识和了解。20世纪50年代，德宏开始涌现了一批文学作者，他们立足边疆民族地区火热的斗争生活，写出了大量歌颂党、歌颂祖国、歌颂新生活的文学作品。作家苗歌（原名王孝溶）目睹了边疆少数民族亘古未有的巨大变化，在1953至1957年间，创作出版了《遥远的乌卡》《回春树》《洱海夜渡》等作品集，其内容大多取材于德宏少数民族的现实生活，以题材新颖而受到全国广大读者的关注。中篇小说《遥远的乌卡》还被翻译为俄文在苏联出版。进入20世纪60年代，德宏作家杨苏以《没有织完的筒裙》在文坛崭露头角。因具有丰富的革命经历和长期的生活积累，从1958年开始，杨苏发表了大量反映边疆少数民族现实生活的文学作品，如《响吧，象脚鼓》《求婚》《春雨满山寨》《剽牛》《嫩西节》《梅恩莎》等。杨苏与李鉴尧共同创作的电影文学剧本《景颇姑娘》，由著名导演王家乙导演，拍摄成电影上映后，受到全国观众一致好评，使更多的人认识德宏，了解德宏。为了展示德宏风貌，州文联编辑出版了《德宏小说选》《德宏潮》《德宏诗选》《德宏散文选》《腾飞的金孔雀》、《孔雀翎》《德昂族文学作品选》《阿昌族文学作品选》等作品选集。期刊《勇罕》和《文蚌》出版至今，其影响远至境外，在缅甸掸邦和克钦邦都有忠实的读者。德宏还涌现了一批弘扬和传承民族文化的作家，如傣族民间戏剧家方一龙，根据同名长诗改编了傣剧《娥并与桑洛》《金孔雀》等大量傣剧作品，丰富了傣族群众的文化生活，深受群众欢迎，人们称赞他是"傣剧大师"；景颇族著名诗人沙万福，能够熟练地朗诵上万行的史诗和长诗，成为景颇族远近闻名的"大斋瓦"和大诗人，鸿篇巨制的景颇族史诗《目瑙斋瓦》，就是由他晚年口述后整理出版。傈僳族民间文学家曹大荣，长期专注于傈僳族民间文学的收集、整理、翻译，已发表上百万字的民间文学作品，主要有《百灵鸟》（与人合作）、《傈僳族诗歌和故事选》。著名作家艾芜、王小波等，在《南行记》《黄金时代》等作品中以独特的方式讲述了德宏的精彩故事；著名音乐家施光南、杨非创作的《月光下的凤尾竹》《有一个美丽的地方》等，将德宏的自然美与人文美传唱大江南北。

2009年，由德宏民族出版社等机构发起，在中缅经贸口岸姐告建立了"国门书社"。"国门书社"距离姐告国门百余米，整齐地摆放着用汉、傣、景颇等文字编写的书籍。目前，书社拥有各种民族文字编写的图书报刊近3万册、电子音像制品500多种。"国门书社"成为国门内外群众学习知识、加深文化交流的重要平台，其中，有三分之一的读者来自外国。

德宏传媒集团、德宏广播电视台的组建，理顺了文化发展的体制机制关系，文化生产力得到进一步解放。

文化活动

在德宏州各族干部群众多年的共同努力下，党的民族政策、宗教政策的全面落实，民族大团结日益巩固，经济文化交流日益增多。为了巩固和发展社会主义民族关系，调动各族人民建设社会主义的积极性，加快全州两个文明建设，1983年4月，德宏州决定将每年的10月份定为"民族团结月"。在一年一度的民族团结月、傣族泼水节、景颇族目瑙纵歌节、阿昌族阿露窝罗节、傈僳族阔时节、德昂族浇花节等民族传统节日以及具有德宏特色的中缅胞波狂欢节、中缅国际马拉松比赛、瑞丽国际珠宝文化节、中缅边交会等节庆大型活动期间，用民族语言讲解法律知识，发放民族文字宣传品，开展法律咨询，回答各种相关的法律问题。宣传的重点是与民族地区和群众生产生活密切相关的法律法规，如《中华人民共和国民族区域自治法》《云南省德宏傣族景颇族自治州自治条例》等，讲解力求通俗，深入浅出，联系实际，深受各族人民群众欢迎。法治宣传教育不断深入，各

中国·瑞丽第十五届中缅胞波狂欢节

德宏州景颇学会的民间艺术团在演出

大合唱《中缅友好万岁》

族群众法治观念逐步增强，各种民事纠纷逐年减少，社会治安更加稳定，确保了经济、社会的协调发展。"2018中国·德宏景颇族国际目瑙纵歌节"期间，德宏州举办重点产业招商推介会暨项目签约活动，签署招商项目10个、投资金额达10多亿元，接待国内外游客10多万人次，拉动了消费，推动了边疆民族地区经济社会繁荣发展。德宏州还积极推动海峡两岸交往交流，成为全国第一个州市级"海峡两岸少数民族交流与合作基地"。

德宏州傣剧传承中心到缅甸木姐弄么村送戏下乡演出

德宏州景颇歌舞团为缅甸克钦邦密支那文蚌能扎传统艺术歌舞团培训文艺人才

"共饮一江水·相约瑞丽"中缅少儿迎新晚会精彩纷呈

缅甸联邦共和国克钦邦密支那文蚌能扎传统艺术歌舞团第四批文艺培训班

2019年，德宏州组织了丰富多彩文化活动："我和我的祖国·金秋音乐会""庆祝改革开放40周年新春走基层——2019'我们的中国梦'文化进万家广场'大家乐'文艺晚会""建设者之歌·百姓大舞台""'唱响新时代梦圆千万家'全国社区网络春晚活动""'中国梦·劳动美——庆祝中华人民共和国成立70周年'职工文艺汇演""2019年军警民迎新春双拥'文艺晚会""寻找最美孔雀公主大赛""'童心向党·筑梦起航'庆六一文艺活动""喜迎国庆·欢度重阳暨民族团结月文艺庆典晚会""我和我的祖国——文化新生活·美丽德宏等你来'第四届德宏州广场'大家乐'民族广场舞比赛""十九大精神传边疆文化大篷车千乡万里行""'中国梦·傣剧情'红色文艺轻骑兵宣传党的十九大精神等文艺演出"等。这些节会赛事成为传承民族文化、增进民族团结、促进中缅友谊、推动经贸旅游、促进边疆和谐稳定经贸文化的交流平台。

文物保护

德宏州文化旅游局认真贯彻落实习近平总书记关于加强文物消防安全工作的重要指示精神，在做好文物保护和利用的同时，加强文物保护、文物建筑安全宣传工作，促进文物安全管理制度的完善和落实。全州共有各级文物保护单位160处，其中国家级2处、省级13处、州级43处、县（市）级102处。开展文物调查及数据库管理系统建设，完成了馆藏文物调查和珍贵文物数据采集、审核、报送工作。进行考古发掘，发掘面积4125平方米。

文物保护工作成效明显。2019年，加大了对重点项目、重点文物保护单位的投资管理力度，整理翻译贝叶经12部；畹町桥被列为第八批全国重点文物保护单位；芒市小礼堂等5处州保护单位正式被云南省人民政府公布为省级重点文物保护单位。争取国家级重点文物保护单位南甸宣抚司署维修工程资金711.91万元、白蚁防治工程资金193.65万元，省级文物保护单位菩提寺维修工程资金203.18万元，德宏州博物馆陈列布展2020年补助资金300万元。进行国家级重点文物保护单位允燕塔附属设施建设工程项目、刀安仁故居纪念馆陈列布展升级改造；完成勐乃古碉楼及省级文物保护单位李根源故居维修修缮工程；开展雷允飞机制造厂、神护关、万仞关实地调研勘察等。

德宏州文物保护单位一览表

名称	时代	地点	保护级别
南甸宣抚司署旧址	清代	梁河县遮岛镇南甸路	国家级
允燕塔	民国	盈江县平原镇允燕山	国家级
刀安仁墓	民国	盈江县新城乡新城村凤凰山	省级
李根源故居	民国	梁河县九保乡九保村	省级
邦角山官衙署旧址	民国	陇川县王子树乡邦角村	省级
等喊弄奘寺	清代	瑞丽市姐相乡大等喊村	省级
平麓城址	明代	瑞丽市勐卯镇	省级
马嘉里事件发生地	清代	盈江县太平镇芒允村	省级
菩提寺	清代	潞西市芒市镇菩提路	省级
皇阁寺	明代	陇川县户撒乡金凤山	省级
南算奘房	清代	盈江县弄璋镇南算村南算村民小组	省级
加孔寨奘寺	清代	陇川县户撒乡明社村委会加孔村民小组	省级
芒捧奘房	清代	陇川县户撒乡芒捧村	省级
铁城佛塔（树包塔）	清代	潞西市芒市一小内	省级
佛光寺	清代	潞西市阔时路	省级
中缅边民联欢大会旧址	1956 年	畹町开发区正阳路 11 号	省级
中缅首次勘界会议旧址	1960 年	畹町开发区工委大院	省级

尖山考古发掘现场

勐约棒遗址发掘

瑞丽江流域出土的石矛、石斧

瑞丽雷奘相出土的铜像

芒市最古老的奘寺——菩提寺

畹町铁桥被国务院公布为第八批全国重点文物保护单位

传统民族体育竞技——射弩

体育事业蓬勃发展

没有全体人民的健康，就没有全民的福祉。德宏民族体育源远流长，各民族都形成了丰富多彩的体育文化，形成了大量民族特色浓郁、特征鲜明的体育项目。长期以来，州委、州政府高度重视民族体育事业，全州民族体育事业蓬勃发展。德宏民间体育衍生于生产生活，各民族传统体育活动丰富多彩，兼具游戏娱乐、狩猎和械斗功能。代表性运动项目有篾弹弓、射弩、秋千、扭棍、掷石头、跳高、上刀山下火海等，均有着广泛的群众基础，形成了民族传统体育项目。在对傣族、景颇族、阿昌族、傈僳族、德昂族5个世居少数民族的传统体育进行普查、挖掘基础上，推广民族健身操、扭棍、傣族保龄球等一大批民族体育项目，全民健身的形式不断丰富，队伍不断壮大。

傈僳族"上刀山"

傈僳族"下火海"

德宏5个世居少数民族的传统体育项目共有59个，其中文体项目22个、比赛项目33个、游戏项目4个。传统体育与现代竞技体育相结合，推动了全州体育事业不断发展。

截至2019年5月，德宏州建成体育场地总面积196.9352平方米，人均体育场地面积1.5平方米。其中篮球场1695个、3人制篮球场24个、乒乓球场196个、排球场55块、小运动场49个、5人制足球场15个、7人制足球场33块、11人制足球场24个、网球场12个、田径场29个、羽毛球场26块、游泳池6个、地掷球场18个、门球场15个、篮球馆21个、健身房21家、游泳馆11个、排球馆8个、乒乓球馆6个、网球馆4个、羽毛球馆4个、门球馆2个、体育场2个、体育馆2个、综合馆2个。2019年全州4个大型体育场馆、2个中小型体育场馆全部低免开放，开放时间达360天。

德宏州全面贯彻全民健身和全民健康战略，不断创新和完善体育事业发展机制，文化和体育事业相互融合、相互促进。对文化体育事业发展的探索，让两种资源得到了最大化、最充分的运用。德宏州通过机构改革，让体育场馆得到了最充分的利用，体育产业得到了极大发展。同时，德宏州重视"全民健身运动"，宣传全民健身政策，弘扬全民健身文化，实现全民健康。结合实际、发挥优势，进行了大量的创新。体育项目和少数民族传统体育相融合，体育活动一年四季不断，内容和形式精彩纷呈。在体育产业上，通过赛事引领和推动商贸和旅游产业，成效显著。结合节庆活动，通过搭建优质赛事平台，深化体育与文化、旅游融合发展。开展重大节庆日群众身边的体育活动及边境民族体育文化活动。"中缅瑞丽—木姐国际马拉松"被评为全省体育旅游精品项目精品赛事。举办"运动德宏"体育文化旅游节、七彩云南格兰芬多国际自行车节、中缅瑞丽—木姐"一马跑两国"马拉松赛等赛事活动230余场次。"2019机车音乐节"在抖音平台播放量达1200万次。"运动德宏·和谐边境"2019年边境民族地区文体活动涵盖芒市、盈江、梁河3个县市的11个村寨。足球、篮球、拔河、箭弹弓、陀螺、射弩、武术等体育活动广泛开展，极大地丰富节庆期间群众精神文化生活。2019年，芒市被认定命名为全国25个青少年校园足球试点县。瑞丽姐岗小学、盈江职业高中、盈江莲花山中学、陇川王子学校等被认定命名为全国青少年校园足球特色学校。

德宏体育运动中心外景

傣剧演出前的化妆

非物质文化遗产保护

近年来,非物质文化遗产保护工作取得了可喜的成绩。德宏州拥有联合国教科文组织人类非物质文化遗产代表作名录1项("傣族剪纸"项目作为"中国剪纸"的子项目于2009年入选),国家级项目13项、传承人14名,省级非物质文化遗产代表性项目24项、传承人65人,州级非物质文化遗产代表性项

榕树下化妆

准备上场的演员

目101项、传承人91人,县(市)级非物质文化遗产代表性项目112项、传承人202人。在非物质文化遗产保护方面,德宏州加大了民间艺术的抢救和保护力度,一批濒临消亡的民间传统文化项目得到了有效的保护。这些非物质文化遗产保护成果不断惠及各族人民,进一步融入德宏州经济、社会等各项事业中,为打造祖国边疆亮丽风景线起到了重要的推动作用。

乡村傣剧演出

舞台傣剧

傣剧及傣剧代表性传承人

　　傣剧是傣族群众最喜闻乐见的一种艺术形式，是云南独具特色的少数民族戏曲剧种之一，主要流传于云南省德宏州芒市、盈江、瑞丽、陇川、梁河等市县及保山市部分傣族聚居区。傣剧发源于有一定情节的傣族歌舞表演及佛经讲唱，后吸收滇剧、皮影戏的元素，逐步形成比较完整的戏曲形式。演出中演员着傣装，表演动作中融入傣族民间舞蹈的步态，伴奏方面增加了葫芦丝、二胡及象脚鼓等乐器。傣剧由于根植于傣文化的沃土，因此具有相当广泛的群众基础。每逢节庆日或村寨举行大型活动，群众都乐于看到傣戏并以此为荣。2006年傣剧入选为首批国家级非物质文化遗产代表性项目名录。

刀保顺，男，傣族，云南省德宏州盈江县旧城镇姐告村五社人。其自幼受母亲熏陶，随母学习傣剧的编创、演出，后在本寨培龙寺出家，拜高僧龙福（傣语为"召弄"）和任法大师（傣语为"召几"）为师，系统全面地学习傣剧的编创、演出、唱腔、服装、化妆、道具等技艺，是德宏州傣族群众公认的傣剧传承人和研究者，对傣剧传承发展做出了较大贡献，代表作品有《朗退罕》《千瓣莲花》《娥并与桑洛》《蜘蛛姑娘》等。2008年被命名为国家级非物质文化遗产项目傣剧代表性传承人。

傣剧代表性传承人刀保顺

金星明，男，傣族，云南省德宏州芒市勐焕街道办事处东北里社区河东路广弄2巷人。其幼时在芒市菩提寺与静修法师学习，后组建德宏州傣剧队，并拜云南省滇剧院曹汝芹为师。"文化大革命"初期，随父母到缅甸的腊戌定居。其间，拜著名傣族戏剧大师方克茂、郗保昌、方克红等为师，并组建傣剧队在缅甸掸邦各地演出，曾轰动一时。1985年回国，其后整理创作并导演傣剧《朗麻吾昔》《三时公主》《阿銮洛勇罕》《阿銮相勐》《刀安仁》等数十个傣戏剧目。他将傣族的戏剧以说唱的表演形式搬上了电视屏幕，受到傣族群众的欢迎及文艺界的好评。2009年被命名为国家级非物质文化遗产项目傣剧代表性传承人。

傣剧代表性传承人金星明

中国·德宏国际泼水节

圣水洗礼万人狂欢

中国·德宏国际泼水节（一）

中国·德宏国际泼水节（二）

泼水节

泼水节是傣历的新年，是德宏州的傣族、德昂族和阿昌族等民族的盛大传统节日，节期在清明节后第七至第十天。其中，犹以傣族泼水节形式独特、内容丰富且规模最大、影响最广。泼水节在傣语中通常称"摆爽朗"，意为"泼水""洒水"。而其作为南传上座部佛教的重要节日，则称为"赏见"或"摆赏见"（巴利语），意为"过年"。2008年入选为第一批国家级非物质文化遗产代表性项目名录。

傣族泼水节系列活动

傣族泼水节

泼水节宗教活动——祈佛

盈江一带的泼水柱

傣族象脚鼓传承人双三团表演短象脚鼓舞

傣族象脚鼓

象脚鼓是傣族标志性的打击乐器,而象脚鼓舞则是流行于傣族聚居区最广泛、表演水平最高、最具代表性的传统舞蹈之一。节日庆典、赶摆、宗教集会、庆祝丰收、娶亲嫁女、新房落成、迎接宾客等,都要跳象脚鼓舞,傣族把象脚鼓称为"滚熬",意为"人的影子"。2008年6月,象脚鼓舞入选第二批国家级非物质文化遗产代表性项目名录。

傣族象脚鼓传承人双三团在教授象脚鼓舞

2011年4月，双三团和他带领的鼓队参加由德宏州泼水节组委会举办的"德宏第一届民间象脚鼓舞蹈大赛"并荣获一等奖

为德宏建州50周年献礼的象脚鼓创世界最大象脚鼓纪录

2011年德宏泼水节上的傣族象脚鼓舞目前保持着世界最大规模的傣族象脚鼓舞蹈表演纪录

2011年，世界最大象脚鼓成功申报世界纪录

傣族孔雀舞传承人喊思在教学生跳孔雀舞

参加全国非物质文化遗产保护与研究工作会议暨首届中央音乐学院非物质文化遗产（音乐类）展演

傣族孔雀舞传承人喊思与学生们参加2013年德宏州"样样好"杯孔雀舞大赛

傣族孔雀舞及传承人

傣族孔雀舞是我国傣族民间舞蹈中最负盛名的传统表演性舞蹈，流传于德宏州的瑞丽、芒市及西双版纳、孟定、孟达、景谷、沧源等傣族聚居区，其中以瑞丽市的孔雀舞（傣语为"嘎洛勇"）最具代表性。瑞丽傣族孔雀舞以单人舞为主，也有双人孔雀舞，舞者以男性居多。孔雀舞有丰富多样的手部动作和跳、转等技巧，四肢和躯干的各个关节要重拍向下屈伸，全身均匀颤动，形成优美的"三道弯"舞姿。架子孔雀舞的舞蹈语汇尤为丰富，有"飞跑下山""林中窥看""漫步森林""抖翅""点水"等惟妙惟肖模拟孔雀神态的动作。傣族孔雀舞历史悠久、内涵丰富，是傣族文化的重要标志，通常在本民族的民俗节庆、宗教集会、喜庆丰收、赶摆等场合跳。2006年入选首批国家级非物质文化遗产代表性项目名录。

徒手孔雀舞表演

傣族传统舞蹈架子孔雀舞,传统上舞者一般为男性

傣族孔雀舞

2013年德宏泼水节傣族孔雀舞表演（一）

2013年德宏泼水节傣族孔雀舞表演（二）

傣族孔雀舞代表性传承人约相

约相，男，傣族，云南省德宏州瑞丽市勐卯镇姐东村委会喊沙村民小组人。其从小就喜爱孔雀舞，先后拜孔雀舞大师帅哏撒卜、毛相为师。他在家里饲养孔雀并细心观察，把孔雀的入林、起飞、入睡、醒来、远眺、扒沙、照影、喝水、开屏等优美的姿态、步伐运用到孔雀舞中，使之形神兼备。他还自创了一套独具风格的"孔雀拳"，并吸收了现代舞的孔雀步及"嘎光"舞的动作和傣族拳内容，为孔雀舞蹈在民间的传承发展注入了生机和活力。目前约相培养孔雀舞传承人50多人，他的儿子、儿媳、孙子、孙女都在跳孔雀舞，形成了三代孔雀舞世家。2008年被命名为国家级非物质文化遗产项目傣族孔雀舞代表性传承人。

傣族孔雀舞代表性传承人旺腊

旺腊，男，傣族，云南省德宏州瑞丽市广拉宽寨人。1957年开始学跳孔雀舞，曾师从帅喊很、莫恩帅、莫喊帅、瑞板、毛相等人，在吸收各位老师孔雀舞的精髓基础上，融会贯通，其舞蹈风格别致，特别是眼神、抖肩等动作能惟妙惟肖地模仿孔雀的形象。他曾先后到北京、成都、广州、南京等地以及泰国、老挝等国家参加大型文艺活动的表演，均受到观众喜爱。2008年被命名为国家级非物质文化遗产项目傣族孔雀舞代表性传承人。

傣族民间剪纸艺人邵梅罕的剪纸作品《吉祥如意》。该作品入选由中国民间剪纸研究会主办的1986年全国25省市"剪纸新作联展"

傣族民间剪纸艺人邵梅罕的剪纸作品《佛》

傣族剪纸及传承人

傣族剪纸是一门古老的手工艺术，主要流行于德宏州芒市。剪纸内容多与傣族所信仰的南传上座部佛教有关，涉及佛经故事、民间传说和风物特产等，被广泛应用于祭祀、赕佛、丧葬、喜庆及家居装饰等方面。剪纸应用最多的是傣族、德昂族和阿昌族，多用于装饰佛殿的门窗、佛伞、佛幡及演出道具、节日彩棚、泼水龙亭和家居装饰等方面。喜庆节日时通常用红、黄、蓝、绿、金等彩纸剪纸，丧事用白色。在供寨神"吕贺芒"与领兵神的小庙里则全部使用白色剪纸。2006年入选首批国家级非物质文化遗产代表性项目名录。

经世界纪录协会认证,中国·德宏 2015 国际泼水狂欢节剪纸作品《孔雀》为世界最大的傣族剪纸

在中国·德宏 2015 国际泼水狂欢节上展示世界最大的傣族剪纸《孔雀》

傣族妇女在剪纸

傣族剪纸

传承人邵梅罕向徒弟传授剪纸技艺

邵梅罕，女，傣族，云南省德宏州芒市风平镇风平村委会弄么村民小组四队人。其自小受佛教氛围影响，耳濡目染，对祭祀和赕佛活动必备的剪纸形式的"董"和"喳"产生了浓厚的兴趣，她在自学实践中掌握了娴熟的剪纸技巧。作品主要有佛、菩提树、象、孔雀、佛塔、奘房和花等，大多用于佛寺上顶部的装饰，有的做成"幌"或佛伞悬于佛寺或用于赕佛的仪式中。同时把充满浓郁边疆特色和生活气息的傣族人民的现实生活也纳入其创作内容。她的作品曾多次发表在省内外刊物上，并被介绍到日本、美国等地。她曾多次参加省内外、国内外各种剪纸展演交流活动。2012年被命名为国家级非物质文化遗产项目傣族剪纸代表性传承人。

德宏州出版的傣族医药著作

佛经中记载着有关傣族医药的内容

傣族医药

傣族医药是傣族人民在长期生产劳动与疾病作斗争基础上，吸取和借鉴印度古典医学和中医学知识，运用"人体解说""四塔""五蕴""三盘论""风病论""解毒论"等解释人体结构、生理机能、病理变化，对疾病进行辨证论治的传统医学体系，是我国少数民族医药之一，治病讲究医药相兼、因地制宜，具有便、廉、验、快等特点。睡药疗法是傣医药传统外治法之一，主要用于治疗中风、风湿病及高热昏厥等病症。它分冷睡和热睡两种。冷睡疗法治热病，热睡疗法治寒病。2011年5月傣族医药入选第三批国家级非物质文化遗产代表性项目名录。

傣医传承人龚庆安在采挖草药

傣医传承人方克辉在野外采集草药

傣医到奘房（佛寺）请佛爷传授指点佛教典籍记载的药方

傣医传承人方克辉在晾晒草药

傣族民间药方集

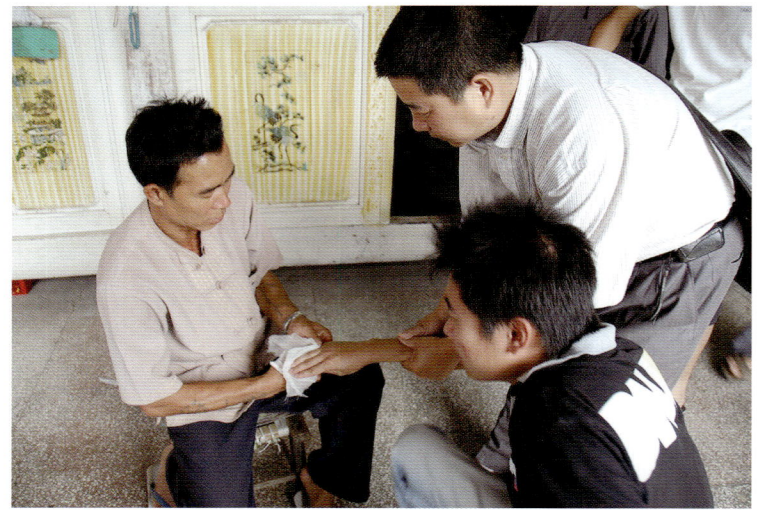
傣医传承人朗岩相为手指骨折病患接骨

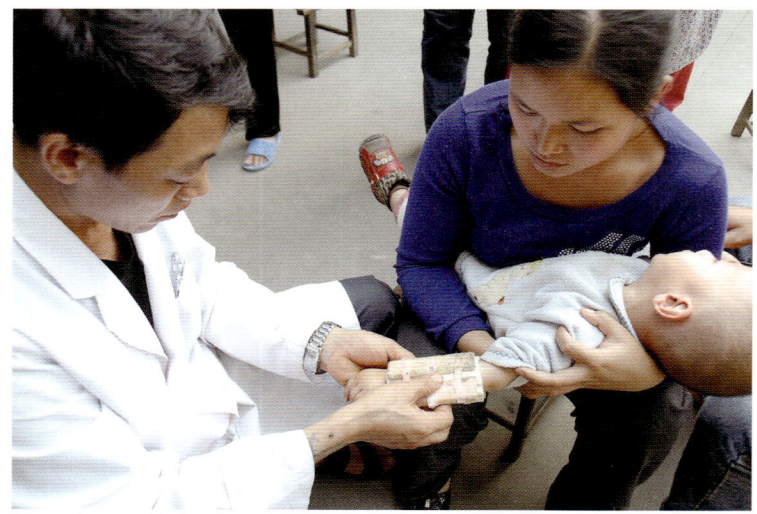
傣医传承人腾岩波伦给左后桡骨骨折的三岁男童上夹板

研究整理傣族医药资料

万人狂欢的目瑙纵歌

景颇族目瑙纵歌

"目瑙纵歌"又称"总戈",意为"欢聚歌舞"。目瑙纵歌的产生年代可追溯到原始社会时期,是为祭祀太阳神"木代"而举行的最隆重的祭祀活动。最主要的是跳目瑙纵歌舞,包括苏目瑙(招财庆丰收)、巴当目瑙(庆祝胜利)、定栓目瑙(庆贺新居落成)、结如目瑙(出征誓师)等十几种。正式活动前,人们在舞场中心立起四根木柱,用来祭祀太阳和指示舞蹈路线。柱侧置刀、矛,象征民族强悍刚毅的性格。举行目瑙纵歌时,方圆百十里有上万人参加,故又称为"万人之舞"。它包括多种异彩纷呈的舞蹈形式,舞队排列成阵,舞步豪放有序,节奏激昂明快,表现出景颇群舞的高超水平。随着时代的发展,目瑙纵歌节已成为景颇人民歌舞娱乐、欢庆丰收的民族节日,也是促进民族交往、加强民族团结的重要方式。景颇族是一个跨境而居的民族,在缅甸北部和印度北部居住有近百万景颇族,国内外都举行目瑙纵歌。2006年,景颇族目瑙纵歌入选首批国家级非物质文化遗产代表性项目名录。

万人之舞——目瑙纵歌申报世界纪录成功，成为世界上规模最大的集体舞

目瑙纵歌盛会上的鼓手

瑙巴、瑙双是目瑙纵歌的领舞者。领舞者一般由德高望重者担任

德宏州民族文化工作团景颇族大型歌舞乐诗《目瑙纵歌》（一）

目瑙纵歌节上的千人刀舞

德宏州民族文化工作团景颇族大型歌舞乐诗《目瑙纵歌》(二)

2010年陇川县景罕镇朋生目瑙纵歌节

目瑙纵歌节领舞者

《目瑙斋瓦》演唱

景颇族《目瑙斋瓦》

《目瑙斋瓦》是景颇族的创世史诗。据专家研究，《目瑙斋瓦》最早起源于原始社会父系氏族时期，是景颇族先民祭祀天神、太阳神的祭词，全长8900行，共分六章。《目瑙斋瓦》通常在目瑙祭祀仪式上吟诵。其语言朴实精练、结构严谨，描述了从天地万物的形成、人类的出现到景颇族生产生活的漫长历史过程，是研究景颇族诞生和迁徙、宗教祭祀起源、婚姻制度演变、山官制度产生、民族交往情况等社会历史发展的珍贵资料。2011年，景颇族《目瑙斋瓦》入选第三批国家级非物质文化遗产名录。

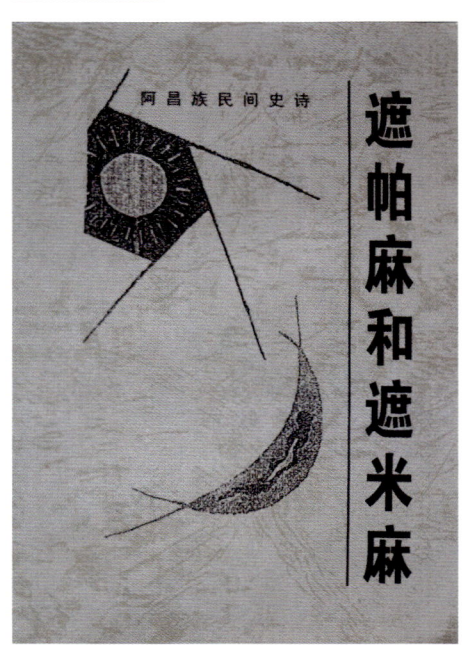

《遮帕麻和遮米麻》图书及音像制品

阿昌族《遮帕麻和遮米麻》及传承人

《遮帕麻和遮米麻》是阿昌族家喻户晓的创世神话史诗，是一部阿昌族传习教化子孙的教科书，以唱诗和口头白话两种形式传承至今，主要流传在德宏州梁河县九保、曩宋和陇川县户撒三个阿昌族乡的阿昌族村寨。史诗讲述了远古时期，阿昌族始祖遮帕麻和遮米麻造天织地、制服洪荒、创造人类及教人类耕田种地、纺纱织布、战胜自然灾害，使宇宙恢复和平景象的动人故事。在阿昌族建房、嫁娶等活动中，都要念诵《遮帕麻和遮米麻》。它是阿昌族文化发展的一座丰碑，阿昌族将其称为"我们民族历史的歌"。2006年被列入首批国家级非物质文化遗产名录。

阿露窝罗节上经师活袍唱诵《遮帕麻和遮米麻》

《遮帕麻和遮米麻》唱诵

曹明宽，男，阿昌族，云南省德宏州梁河县九保乡勐科村委会小龙潭村民小组人。《遮帕麻和遮米麻》是阿昌族创世神话史诗，诗中的主人公遮帕麻与遮咪麻是阿昌族传说中的两位开天辟地的神，史诗记述了阿昌族先民对天地形成、人类与万物起源的记忆，主要流传于德宏州梁河县阿昌族聚居地区。阿昌族主持祭祀活动的经师活袍为《遮帕麻和遮米麻》的传承人和传播者，每逢阿昌族村寨举行重大活动，都会念诵创世神话史诗。曹明宽能完整唱诵《遮帕麻和遮米麻》，精熟本民族的各种祭祀程式、相关禁忌和习俗礼仪，能够使用阿昌语、汉语、傣语、景颇语等多种语言主持祭祀活动。2007年被命名为国家级非物质文化遗产《遮帕麻和遮米麻》代表性传承人。

《遮帕麻和遮米麻》代表性传承人曹明宽

户撒刀

阿昌刀及传承人

阿昌刀又称"户撒刀",因出自德宏州陇川县户撒阿昌族乡而得名,与新疆维吾尔族的英吉沙刀、甘肃保安族的保安刀并称全国三大民族刀具。据考证,阿昌族先民早在唐朝就掌握了锻制和铸造铁器的技术,明代时户撒成为朝廷的"兵工厂"。阿昌族吸收了汉族的兵器制造技术,形成独特的户撒刀锻制工艺,其制作过程须经下料、制坯、淬火、创光、组装等10道工序,有"炼极精纯、柔可绕指、剁铁如泥"之誉。户撒刀品种繁多、功能多样,有生产工具、生活用具及装饰性工艺品三大类120多种。2006年,阿昌刀锻制技艺入选第一批国家级非物质文化遗产代表性项目名录。

户撒刀展示（一）

户撒刀展示（二）

世界最重的钢制长刀——云南德宏户撒阿昌刀

户撒刀制作技艺——修饰刀叶

户撒刀制作

项老赛，男，阿昌族，云南省德宏州陇川县户撒乡腊撒村新寨村民小组村民。阿昌刀也称户撒刀，因出自户撒阿昌族乡得名。项老赛自幼随父亲学习打刀技艺，对车、钳、刨、刮、烤、磨、铣等金属切、削加工的全套技艺得心应手，27岁自立门户。因其技术过硬，在乡里享有"户撒刀王"的美誉。他不仅继承了阿昌族祖辈传下的传统工艺，还对刀具的制作不断创新，严格选料，量材使用，努力提升产品的使用价值和装饰艺术价值，真正做到"削铁如泥、吹发即断"。2007年被命名为国家级非物质文化遗产项目阿昌族户撒刀锻制技艺代表性传承人。

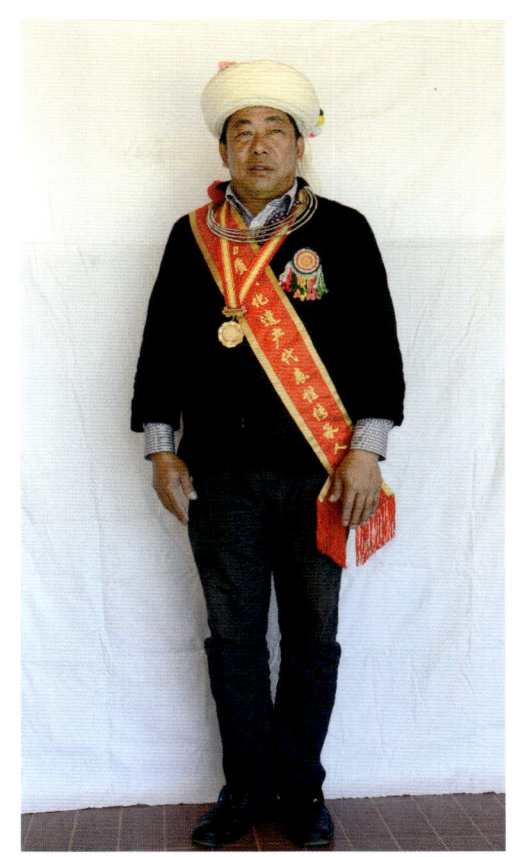

户撒阿昌刀锻制技艺代表性传承人项老赛

户撒阿昌刀锻制技艺代表性传承人项老赛在传授技艺

《达古达楞格莱标》图书及音像制品

《达古达楞格莱标》手稿文本

德昂族民间创世神话史诗《达古达楞格莱标》及传承人

《达古达楞格莱标》是德昂族民间创世神话史诗,流传于我国云南省西部德宏傣族景颇族自治州、保山市隆阳区潞江坝乡和西南部临沧市镇康、耿马、永德、双江县及缅甸掸邦、佤邦一带,有口传和傣文抄本两种流传形式。史诗主要讲述德昂族先民的诞生、发展以及同大自然顽强斗争的艰苦历史,反映了德昂族的悠久茶文化及其"古老茶农"称谓的由来,被誉为"洪荒时代的古旋律",储存着大量德昂族远古的信息。2008年6月入选第二批国家级非物质文化遗产名录。

《达古达楞格莱标》唱诵

李腊翁，男，德昂族，云南省德宏州芒市三台山乡邦外村委会邦外一组人。《达古达楞格莱标》为德昂族创世神话史诗，德昂语意为"最早的祖先传说"。其内容为人类来源于茶树，德昂族是茶树的子孙，反映了德昂族先民独特的原始思维和价值观念。李腊翁在德昂族传统演唱习惯基础上，把歌唱、器乐演奏结合在一起，拓宽了德昂族民歌的表现空间与艺术感染力。李腊翁自幼拜本村佛寺内的佛爷李小佬为师，其主要作品有《寨柯》《你变菜我变锅》《看到一朵美丽的山花》《我在半路等着你》等。2009年被命名为国家级非物质文化遗产项目《达古达楞格莱标》代表性传承人。

《达古达楞格莱标》代表性传承人李腊翁

众人在等待取水

德昂族浇花节

德昂族浇花节是德昂族一年一度的传统节日，于清明节后第七天开始，历时三天。节日第一天，德昂族群众都穿上节日盛装，背上从井里打来的清水，带上准备好的食物，手捧鲜花，汇集到本寨的奘房过节。仪式由寨里的长老主持，仪式中男青年敲响象脚鼓，女青年合着鼓点跳起"堆沙舞"。其他群众身背精致的小花篮，手捧竹水筒举过头顶，依次往水龙槽里倒水，为佛像冲浴，以祈祷来年风调雨顺。仪式后，人们将带来的食物摆到佛像前的供盘中，然后众人尽情品尝各自的食物。最后众人在象脚鼓队引领下，来到井旁或泉边取水，举行取水供物仪式，男女青年进行对歌、赛舞等活动。2008年德昂族浇花节入选第二批国家级非物质文化遗产代表性项目名录。

舞出幸福

取水祈福

取水仪式

德昂族小水鼓

德昂族大水鼓

德昂族水鼓舞

水鼓舞流传于德昂族聚居地区，主要在欢庆丰收等活动时表演，是以祭祀祖先、祈求风调雨顺、村寨平安的水、鼓、舞相结合的群众舞蹈。舞蹈时，舞者将鼓绳挂在脖子上，鼓放在胸前，左手掌拍鼓头，右手拿大鼓槌敲击鼓，两手配合，动作优雅敏捷，鼓声节奏欢快。水鼓是德昂族的主要打击乐器，又叫"嘎拱当"。鼓身一般长为1.5米—2米，其形状为桶形，大头小尾。鼓的两端用优质的牛皮或蟒皮蒙上，用牛筋交叉首尾连接扎紧而成。鼓身制作完后，在鼓身的中间挖出一个小圆孔，敲打前装入一两斤清水，在鼓面的皮上涂上黄泥，待鼓面和鼓心湿润后，把剩余之水倒出来便可以使用。经过湿润后的鼓，其音色纯正悠扬，韵味别具一格，再配上镲、铓等乐器的伴奏，就更具水鼓的特殊艺术魅力。2014年11月入选第四批国家级非物质文化遗产代表性项目名录。

准备为水鼓注水

小水鼓舞表演（一）

小水鼓舞表演（二）

大水鼓舞表演

水鼓舞队

小水鼓与小象脚鼓舞表演

德昂族原生态水鼓舞《欢乐的德昂山》

旧时的茅草屋

德昂族村民搬新居

四、社会建设

改革开放以来,德宏州委、州政府团结带领全州各族人民,认真贯彻党中央的各项方针政策,奋发图强,锐意进取,不断探索适合德宏州的发展道路,国民经济和社会发展取得了巨大成就,在推动城乡人居环境整治工作等方面成效显著,"天蓝地绿、山清水秀,乡村秀美、城市宜居"的美丽德宏正在建成。

(一)人居环境得到改善

州委、州政府历来高度重视城乡人居环境整治工作,多年来,各级政府部门认真贯彻落实中央、省、州关于城乡人居环境整治工作的决策部署,加强城乡基础设施建设,积极开展绿化亮化,着力整治城乡"脏乱差"问题,全面推行河(湖)长制,大力建设美丽乡村,各项工作取得了显著成效,全州城乡面貌有了较大改观。

1949年以前,德宏边境沿线乡村基础设施建设薄弱,农村经济发展滞后,边民生产生活条件恶劣。中华人民共和国成立初期,德宏境内基本是草房,瓦房极少。改革开放以后,随着农民经济状况不断改善,住房条件发生了很大变化。一

荒田村阿昌族民居

德宏州陇川县章凤镇弄贯村委会滇寨村民小组灾后整合资金重建的新农村，一路一个树种，实行门前三包，此路为柚子仙花一条路

盈江县平原镇勐町村拉勐村民小组农民新居

新建成的大盈江广场

是城乡人居环境、棚户区改造、脱贫攻坚农村危房改造、人防建设、厕所革命等工作取得实效性进展。二是城市供水、排水和污水处理、垃圾处理建设从无到有，形成了一定规模，城市功能日趋完备。三是城镇住房保障制度不断加强，人均居住面积有较大改善和提高，州内乡村秀美、城市宜居，成功创建了芒市国家级卫生城市、园林城市和瑞丽省级园林城市等。

建设美丽县城、创建特色小镇是加快推进德宏州城市发展的重大举措，是增进民生福祉的重要途径。德宏州委、州政府建立推进城乡人居环境整治工作长效机制，以推动城乡面貌一年一个样、三年大变样，彻底改变德宏州城乡建设面貌。以"治脏"为重点，迅速开展环境卫生大扫除；以"治乱"为重点，迅速开展交

如画的山村

通秩序大整治；以"治路"为重点，着力推动道路环境大改观；以"治河"为重点，着力推动水域环境大改善，聚焦"干净、宜居、特色"这一总体目标，加强规划管理，抓好城乡立面改造提升，强力推进"两违"整治，谋划推进城市建设项目，补齐基础设施建设短板，加快推进老旧小区改造，加快推进特色小镇建设，全面掀起"美丽县城"建设高潮，推动全州城市品质大幅跃升。同时紧紧抓住大滇西旅游环线建设这一重大机遇，充分发挥优势，突出民族和地域特色，分类指导、分类建设、分类推进，全力打造一批宜居宜业宜游的美丽乡村。

党的十八大以来，德宏州打造了300多个美丽乡村，实现了从昔日"窝棚、茅屋、杈杈房"到"洋楼、别墅、安居房"的转变，"生态优良、回味乡愁、乡村秀美、城市宜居"已成为德宏州的优势。

今日阿昌村

芒市全景

梁河县龙窝寨的致富路

芒市广场

（二）共建共治共享的社会治理格局

人民安居乐业、国家长治久安离不开共建共治共享的社会治理。打造共建共治共享的社会治理格局，是适应形势变化、提升社会治理水平的必然要求。随着经济社会快速发展，价值取向日趋多元、利益诉求更加多样、各类矛盾风险交织叠加，这些都对社会治理体系和方式提出了更高要求。随着新技术、新业态的涌现，快递贩毒、网上非法集资、电信诈骗等新问题随之而来。针对超大城市治理、基层社会治理、网络舆情治理等热点话题、难题，社会主体有效参与的渠道和方式仍在摸索。让更多的主体参与社会治理、用更加多元的方式实现社会治理、让百姓更加公平地享受社会治理成果，才能让社会治理格局更加清晰、社会治理效能日益彰显。

德宏州党委领导、政府负责、社会协同、公众参与、法治保障的社会治理体制及共建共治共享的社会治理格局更加完善，主要体现在以下方面：兴边富民工程、边疆解"五难"惠民工程加快实施，社会主义新农村建设加速推进，爱国统一战线进一步巩固和壮大，民族宗教和侨务工作取得显著成绩，军警民共建成果丰硕，禁毒防艾取得阶段性成果，信访维稳工作扎实有效，人民群众安全感不断增强，少数民族的合法权益得到充分尊重和切实保障，各种民族、宗教热点难点问题得到妥善处理，民政事业蓬勃发展，残疾人教育、劳动就业、社会保障等工作稳步推进，防震减灾、移民搬迁等工作得到巩固。

抗震救灾

2011年3月10日12时58分10秒，盈江县县城西北方向2公里处发生5.8级地震，震源深度10公里，全州范围普遍都有强烈震感，地震造成了严重人员伤亡和财产损失。灾情发生后，党中央、国务院及云南省委、省政府各级领导高度重视，及时作出重要批示，要求受灾地区各级党组织、领导干部和党员积极带领广大群众投身抗震救灾一线，全力抢救受困人员，全力救治受伤群众，确保人民生命安全。在灾后恢复重建工作中，按照"规划先行、统筹安排、分清缓急、突出重点、自救为主、政府支持"的原则，积极组织人力、物力、财力投入到灾后恢复重建工作中，取得重大成果。

2019年，持续实施兴边富民行动计划，依法管理宗教事务，实施民族文化保护传承和"双百"工程项目12个。扫黑除恶专项斗争取得显著成效。深入推进禁毒人民战争，使毒品危害得到有效遏制。外籍人员入境务工管理进一步规范。社会治安防控体系建设全面加强。应急管理责任落实到位，有效防控非洲猪瘟等动植物疫情的传播，安全生产形势总体平稳。全力打造阳光信访、责任信访、法治信访，信访渠道进一步畅通，信访秩序进一步好转。

同时，全州帮助部队和优抚对象排忧解难的拥军优属活动已实现制度化、经常化。芒市被全国双拥工作领导小组、国家民政部、解放军总政治部命名为双拥模范城，瑞丽市、梁河县先后被省委、省政府、省军区命名为双拥模范城。全州群众性的"双拥"服务组织400多个，每年春节、"八一"由各级党委、政府深入部队慰问。

德宏州委、州政府坚持把禁毒防艾工作作为保民生、保稳定的重要内容和全州工作的重中之重，坚持做到思想不松、力度不减、格局不变，突出"两个前移"（把禁毒防艾工作重心前移到基层农村、把禁毒防艾工作重点前移到宣传教育），不断巩固禁毒防艾成果。通过综合整治，全州禁毒工作呈现"六个减少"（境外罂粟种植面积明显减少、现有吸毒人员持续减少、新滋生吸毒人员明显减少、复吸率有所减少、吸毒人员大量减少、因吸毒感染艾滋病人员大幅度减少）。

德宏党政军警民合力强边固防，退役军人服务保障体系建设稳步开展，芒市、盈江双拥模范城创建工作扎实有效。国防动员和后备力量建设向上向好发展。德宏人民社会保障健全、生活和谐幸福安宁。

边防官兵与灾区群众共度端午节

中国德宏警方向缅甸掸邦警方赠送禁毒反恐装备（一）

中国德宏警方向缅甸掸邦警方赠送禁毒反恐装备（二）

遮放湿地风光

五、生态建设

德宏州牢固树立"生态环境是最优质的资源、最宝贵的财富"的理念，紧紧围绕建设"生态文明建设排头兵"的目标，坚持把生态环境作为最优质的资源、最宝贵的财富，探索以生态优先、绿色发展为导向的高质量发展新路子，着力加强西南生态安全屏障建设，美丽生态建设成效显著。

（一）生态理念与生态治理的转变

德宏州的环境保护工作起步于1982年。1984年成立德宏州城建环保局，1985年组建州环境监测站。1989年，经州人民政府批准成立了环境保护委员会，同年11月，《德宏州人民政府关于环境保护工作的决定》颁布实施，标志着环保工作越上了新台阶。1998年1月16日，德宏州环境保护局成立，掀开了德宏生态环境保护的新篇章。

保护环境、保护生态，是德宏发展之"源"。历届州委、州政府按照中央"改善生态环境作为全面建设小康社会重要目标之一"的要求，确立了"生态立州"的发展战略，始终坚持政治、经济、社会、文化、生态建设五位一体，把生态文明建设贯穿于经济社会发展全过程。加大环境保护力度，严格执行环保"三同时"制度；强化环境执法监察，抓好污染自动监测平台建设；执行最严格的

蜿蜒瑞丽江

国土空间开发、耕地保护、水资源管理、环境保护和生态补偿等制度；加强重点生态功能区管护，保障饮用水安全，保护生物多样性，保障森林生态安全。

结合州情，制定打好"10个标志性战役"的污染防治攻坚战的"作战图"，即：一要打好两江水系保护修复攻坚战，二要打好水源地保护攻坚战，三要打好城市黑臭水体治理攻坚战，四要打好农业农村污染治理攻坚战，五要打好生态保护修复攻坚战，六要打好固体废物污染治理攻坚战，七要打好柴油货车污染治理攻坚战，八要打好青山保护修复攻坚战，九要打好重要生态功能区保护攻坚战，十要打好清洁家园整治攻坚战。

污染防治攻坚战已取得阶段性成效。全面推进蓝天碧水净土保卫战和10个标志性战役，大力整治废气、扬尘、秸秆焚烧、餐饮油烟等污染源，空气环境质量大幅改善，州府芒市空气质量优良率保持100%。严格落实河湖长制，芒市大河城区段截污治污工程全面启动，"三江四河"出境水质和8个国控省控断面水质达到

Ⅲ类以上，县级以上城市集中式饮用水源水质全部达标。实行最严格的耕地保护制度，土壤环境质量安全可靠。中央、省级环保督察及"回头看"反馈问题整改达到序时进度要求。城乡人居环境持续好转，实施农村环境综合整治项目250个。厕所革命有序推进，乡镇"两污"处理设施不断完善，完成50个"大棚房"问题整治，农业农村面源污染治理效果明显。生态保护、国土绿化持续推进，营造林6.5万亩，治理水土流失113.8平方公里。顺利完成全州生态保护红线划定方案评估调整，大盈江—瑞丽江国家级风景名胜区规划调整通过省级专家评审。

德宏州认真践行"绿水青山就是金山银山"理念，大力实施森林德宏建设，生态文明建设成效明显。盈江国家湿地公园成为旅游新热点，梁河南底河国家湿地公园获批建设，芒市孔雀谷省级森林公园建设加快推进，盈江"中国犀鸟谷"成为全国生态品牌。城乡人居环境提升行动强力推进，芒市生态田园城市、瑞丽现代化口岸城市和全州美丽乡村建设取得实效，城乡面貌大为改观。

盈江黄草坝的春天

盈江黄草坝的冬日

垃圾处理场

（二）污染治理工程

环保机构不断健全，业务能力不断提高，治污工作取得一定成效。在开展工业污染源达标排放活动中，重点对制糖业的废水进行了治理；抓住西部大开发的重大机遇，突出重点抓生态，积极开展生态环境保护和建设；按照州委州政府的要求，促进和服务于经济建设的总目标。为确保大盈江四级电站、弄另电站、遮冒水利枢纽工程、遮（放）章（凤）公路等州内重点工程的顺利进行，州环保局主动与有关部门协调，调整了盈江、瑞丽两县市的自然保护区面积，为重点工程建设提供了环境保障；在国家和省委省政府的大力支持下，环境监测能力不断增强，监测水平不断提高，制作了潞西市空气质量周报，并在《德宏团结报》和省、州环保局网站上发布；做好各项常规监测和污染源监测，为环境管理提供科学依据；加大环境保护的执法力度，解决突出的环境问题；引导企业进行生态补偿机制探索、通过政务公开活动切实搞好环保工作、接受广大群众监督，使环境形势

建设中的芒市清塘河中型水库

基本上保持了稳定，生态环境保持良好水平。根据《国务院关于开展第二次全国污染源普查的通知》（国发〔2016〕59号），制定了《德宏州第二次全国污染源普查实施工作方案》，2018年5月召开了德宏州第二次全国污染源普查工作启动会，正式启动全州第二次全国污染源普查工作，普查对象总数共2344家，其中工业源1203家，农业源393家，生活源550个，移动源179家，集中式污染治理设施19家。通过普查，查清了全州污染源的基本情况，掌握了各类污染源在不同区域、流域的排放现状，摸清了不同行业各类污染物的排放水平，查明了全州污染治理设施装备状况，形成了迄今为止最全面细致、系统权威的基础污染源信息体系。分源头、分行业污染物产排结果一张图、一个库、一套核算方法得以圆满实现。

芒市芒丙高效节水项目

2019年,德宏州大气污染防治工作成效明显。芒市空气质量优良率保持100%、PM2.5平均浓度保持在23微克/立方米,圆满完成省级下达的空气质量优良率不低于97.8%、PM2.5平均浓度不高于35微克/立方米的任务指标。其他县(市)PM2.5平均值控制在指标内,空气质量改善明显。按照《德宏州水污染防治目标责任书》要求,做好全州5个国控监测断面日常监管工作,组织实施姐告小河水污染治理项目,紧盯芒市大河风平断面水质,组织申报并争取到位芒市大河上游汇水区中央水污染防治专项资金2154万元,督促落实芒市大河"铁腕清源"专项行动,强力推进党政机关生活污水截污工作。2019年,除芒市大河风平断面水质未达标外,全州考核地表水环境质量稳定,均保持在Ⅱ类;打好水源地保护

盈江县盏达河城区段治理工程

勐板河生态电站代燃料工程

攻坚战，通过开展落实5县（市）2018年度城市集中式饮用水水源地评估工作、完成全州7个"千吨万人"水源、2个城市备用水源保护区划定工作，进一步提高饮用水源安全保障。经监测，7个城市集中式饮用水水源地、7个"千吨万人"水源水质均保持在Ⅱ类。2019年完成40个建制村环境综合整治任务，年度目标任务完成率100%。组织开展农村生活污水现状和治理需求调查工作，芒市有序推进专项规划编制工作，瑞丽初步开展现场调查，其余三县市正在开展县域农村污水专项规划编制的前期准备工作。

芒市、瑞丽成功申报为省级生态修复城市修补试点，盈江县被列为全省人居环境整治示范县，陇川县生态示范县创建工作通过省级专家评估，组织7个乡镇申报第十二批省级生态文明乡镇创建工作，成功申报创建第十一批省级绿色学校3所。在2019年生态环境部评选的"美丽中国，我是行动者"案例中，盈江县太平镇雪梨村委会石梯村"村寨生态守护行动"成为全国"十佳公众参与案例"之一。

（三）城市环境综合治理、环保理念的宣传与推广

历史上，德宏森林覆盖率高，无工业污染，宏观生态环境良好，空气明净。但是，许多农户人畜共居，导致微观居住环境恶劣，村寨普遍卫生条件差。中华人民共和国成立以后，通过几次大规模防疫灭害以及开展爱国卫生运动，传染疾病得到有效控制。人民生活水平不断提高，破除了陈规陋习，实行人畜分居，住房条件和生活环境均有很大改善。但是随着工农业生产的发展，城市人口的增加，环境污染问题逐渐凸显。

近年来，州委、州政府始终高度重视生态环境保护工作，认真贯彻执行《各级党委政府及有关部门环境保护工作责任规定》，全面落实生态环境保护"党政同责、一岗双责"主体责任，严格实施党政领导干部生态环境损害责任追究制度，开展领导干部自然资源资产离任审计试点工作，实行县域生态环境质量监测评价与考核，促进生态环境保护责任进一步压实。关停并转一批影响生态环境的企业，解决了一批老大难环境问题，全州生态环境质量特别是城乡人居环境有效改善。

生态环境宣传教育工作积极努力，主要有三个方面：一是多渠道、广维度开展宣传教育。二是对外生态环境交流合作不断深入。中缅边境瑞丽—木姐"六五环境日"系列活动在姐告贸易区举行，通过中缅双方组织演讲交流、有奖问答、实地参观姐告小河治理、城市污水处理厂、交流座谈等形式，进一步深化中缅双方环境交流合作，为共同构建中缅边境生态保护协商合作常态化机制奠定基础。三是为加强生态环境保护的社会监督，保障公众对生态环境保护的知情权、参与权和监督权，提前预警突发环境事件。2019年聘任了首批德宏州生态环境义务监督员，促进生态环境部门依法履职尽责。

瑞丽市姐勒水库通过省级考核，达到省一级水利工程管理单位标准

环境整治志愿服务活动

民族团结篇

一、民族团结进步创建工作

德宏州是一个多民族聚居的地区，除汉族外，州内居住着傣族、景颇族、阿昌族、德昂族、傈僳族等 5 个世居少数民族以及佤族、白族、回族、彝族等 20 多个其他少数民族，少数民族人口占总人口近 50%。由于党的民族政策、宗教政策的全面贯彻落实，民族大团结日益巩固，各民族间经济文化交流日益增多，平等、团结、互助、和谐的社会主义民族关系不断巩固和发展。德宏州深入推进民族团结进步事业，城乡居民生产生活条件大幅改善，走出了一条具有德宏特色的民族团结进步发展道路。

（一）深化民族团结进步宣传教育

州委、州政府紧紧围绕"共同团结奋斗、共同繁荣发展"主题，大力推进民族团结进步事业。一是把民族工作纳入各级党委、政府重要议事日程，建立完善工作统筹协调机制，量化具体目标任务和工作任务清单，明确责任单位、责任人，对标对表抓好工作落实，形成"党委领导、政府负责、有关部门协同配合、全社会通力合作"的民族工作格局。二是推进实施"十县百乡千村万户示范创建工程"、扶持人口较少民族发展、直过民族精准脱贫等一系列扶持计划和工程项目，着力打造一批"率先发展、全面小康""精准脱贫、跨越发展"和"突出特色、融合发展"的示范典型，讲好德宏创建生动故事，为少数民族群众和民族地区加快发展提供了有力保障。三是加大对少数民族群众的教育、培训，提高群众自身素质。以县（市）党委、政府为主体，以党政机关、企事业单位、驻德宏部队为主阵地，以街道、社区、乡村、学校、企业、宗教活动场所为着力点，尊重群众主体地位和首创精神，动员全社会、各行业共同参与。大力培养少数民族干部，让一大批懂得民族政策、了解民族情况、熟悉民族工作、对各族群众充满感情的领导干部和各类人才成为民族团结进步事业的中坚力量。四是成立全国民族团结进步示范州创建领导小组，出台实施意见。坚持尊重、继承和弘扬少数民族优秀传统文化，积极构筑各民族共有的精神家园。开展少数民族非物质文化遗产保护传承工程及创建示范市、示范乡镇、示范村、示范社区和少数民族特色乡镇工作，有力推动了全州经济社会的长足发展和长治久安，全州呈现出发展步伐进一步加快、各民族交往交流交融进一步深化、示范州创建工程进一步推进、全面小康进程全面提速、民族团结根基更加稳固、民族团结进步事业蓬勃发展的大好局面。

各民族亲如一家

（二）民族团结进步创建见实效

1983年4月，召开州人大第八届委员会第一次会议，通过了《关于开展"民族团结月"活动的决定》。该决定指出，德宏是一个多民族的边疆自治州，为了进一步巩固和发展社会主义民族关系，加强民族团结，调动各族人民建设社会主义的积极性，加快全州两个文明建设，促进各民族共同繁荣，决定将每年10月份定为"民族团结月"，届时在全州城乡广泛开展各种形式的民族团结活动。通过了《关于恢复建立民族节日的决定》，规定傣族、德昂族泼水节，景颇族目瑙纵歌节，阿昌族阿露窝罗节，傈僳族阔时节，均为法定节日。从此，德宏州的"民族团结月"和相关民族节日正式纳入法制轨道。在"民族团结月"期间，全州各地大力宣传党的民族政策，鼓励开展各民族之间的团结互助活动，宣传民族团结的典型事例，表彰民族团结的先进个人和先进集体。

德宏州把民族团结进步创建"七进"中的机关、企业、社区、乡镇、学校、宗教活动场所、军（警）营作为主阵地、主渠道，不断丰富创建内涵、拓展创建

泼水节是傣族最重要的节日,已成为德宏州各民族团结的盛会

领域、创新创建模式,增加进家庭、进窗口、进基层服务中心、进景区、进爱国主义教育基地、进家风家训教育基地、进基层政法单位、进纪念馆、进园区、进民族节庆等,探索出具有德宏特点的民族团结进步创建"七+N进"模式,着力打造了一批看得见、摸得着和可推广、可复制的民族团结进步示范点,确保民族团结进步创建工作取得实效。

陇川县民族小学以校园文化建设为载体,办好民语语文教学课堂、办好民族技艺传承课堂、办好民族学生实践课堂"三个课堂",将民族团结进步教育课程纳入校本课程,每学年不少于12课时。盈江县苏典傈僳族乡下勐劈村依托现有的原始生态、古朴民风、民族文化浓郁的特色,按照"美丽乡村+乡村旅游",改善村寨基础设施,传承民族文化,加快产业发展。驻地部队坚持"驻守一方、造福一方"的宗旨,与驻地党支部结成共建对子,突出"坚持军地共建、资源共享

节日庆典中的傈僳族少女

新时代的德昂族妇女

阿露窝罗节是阿昌族最重要的民族节日

盛大的景颇族目瑙纵歌活动，已成为各族人民加强交流、促进发展的盛会

深度融合，坚持整村建设、整村推进精准脱贫，坚持强边固防、兴边富民同步发展，坚持社会效应、经济效益兼顾兼容"的共建目标，重点打造"基层党建示范点、脱贫致富示范点、美丽乡村示范点、国防教育拓展区、固边维稳示范区"，打造"军民共建示范村"。

2019年，全国民族团结进步示范州创建深入推进，创建示范单位1658个，1个集体、3名个人受到国务院表彰。

开展全国民族团结进步创建工作，强化民族团结进步示范效应，持续扩大沿边开放、边境安全、社会稳定、边疆安宁，成为德宏州民族团结进步创建工作的特色和亮点。

德宏州的傣族约占全国傣族总人口的 30%,是全国傣族聚居最多的地区

二、促进各民族交往交流交融

德宏州是一个多民族聚居的地区,傣族、景颇族、阿昌族、傈僳族、德昂族等民族在这块美丽富饶的土地上繁衍生息,在长期的历史进程中创造了古老的人类文明,历史文化悠久灿烂,民族文化绚丽多姿。

傣族泼水节

（一）德宏少数民族简介

傣族

德宏州是全国傣族聚居区之一，傣族人口37.69万人（2019年），约占傣族总人口的30%。傣族有着悠久的历史。据傣族史籍《嘿勐沽勐》记载，公元前5世纪，傣族先民已经形成诸多部落。公元前364年，傣族先民在今瑞丽江畔建立勐卯果占壁王国。司马迁《史记》中的"滇越"，即指今德宏及其邻近地区傣族的先民。在汉文史书中，傣族在历史上有过诸多称谓：先秦时期称"百越"，汉晋时称"滇越"、"掸"或"擅"，唐宋称"金齿"，元明称"白夷"或"僰夷"，清至民国称"摆夷"。元末明初，开始建立土司制度直至民国结束。长期分属南甸、干崖、勐

珍贵的贝叶经

傣族织锦

盏达、陇川、勐卯、遮放、芒市土司管辖，处于封建领主制度统治之下。中华人民共和国成立后，于20世纪50年代中期完成和平协商土地改革，从而废除了封建领主制度。根据本民族意愿定名为"傣族"。

傣语属汉藏语系壮侗语族壮傣语支，德宏傣族有文字，称傣那文。20世纪50年代，在老傣文的基础上进行改革，创制了新傣文，至今广为普及。

傣族精于农耕，是我国最早种植水稻的民族之一。历史上傣族有许多传统习俗。文身是傣族先祖古越人的重要标志，傣族沿袭了这一古老习俗。古代德宏地区盛产大象，两千多年前傣族先民就驯化大象用于作战、生产和乘骑，傣族民间也有许多关于大象的传说。傣族主要节日有泼水节。节期为每年的4月12日—14日，届时各族人民以水会友，欢乐相聚，增进友谊。同时，还举行各种文化、经贸活动。此外还有摆干朵、烧白柴等重要节日。傣族男女老少均能歌善舞，孔雀舞、象脚鼓舞及民间集体舞蹈"嘎秧""嘎光"都较为普及。

傣族有着优秀的文化传统，许多关于历史、文化、历法、医学的珍贵典籍流传至今，如珍贵的贝叶经、《嘿勐沽勐》等，叙事长诗《娥并与桑洛》《线秀》等人人皆知。绘画、雕塑、剪纸均有相当高的艺术水平；纺织工艺有傣锦，古称"干栏布"，为进贡朝廷的珍品。

傣族象脚鼓舞

傣族民族节日

傣族传统节日——堆沙节

采摘桑剑花装扮龙亭是泼水节必不可少的活动

佛教活动摆帕嘎

傣族传统祭祀活动烧白柴

盛大的目瑙纵歌活动

景颇族

德宏州是我国景颇族最集中的地区。德宏州的景颇族人口 14.45 万人（2019年），占全国景颇族总人口的 95% 以上，主要分为景颇、载瓦、喇期、浪峨、布拉等支系，居住在海拔 1500 米左右的山区或半山区。据历史传说和汉文史籍记载，从古代起，景颇族的先民就在青藏高原南部繁衍生息，景颇族称其为"木转省腊崩"（意为"天然平顶山"）。自唐代开始，从横断山脉南迁至云南西北部、怒江以西的地区，被称作"寻传蛮"。15 世纪初，明朝推行土司制度，设立了里麻、茶山两个长官司，明朝廷任命景颇族先民"峨昌"山官为长官，颁发了铜印和金字红牌。至明末清初，大批景颇族先民迁入今德宏地区。

中华人民共和国成立后，为了发展生产，在党和政府的统一安排下，一部分景颇族"下坝"居住，至今陇川坝、盈江坝、遮放坝都有不少景颇族定居。

银袍是景颇族妇女服饰中必不可少的装饰

景颇语属于汉藏语系藏缅语族景颇语支,有拉丁字母拼音文字,于19世纪末开始使用。中华人民共和国成立后,在政府的帮助下创制了载瓦文,现在两种文字通用。

景颇族民间文学丰富多彩,有史诗、神话、传说、民间故事等,多伴有音乐,又说又唱,曲调优美动听。主要全靠祭师(董萨)口耳传承,如鸿篇巨制创世史诗《目瑙斋瓦》。景颇族最盛大的节日是目瑙纵歌,"目瑙"是景颇语,纵歌是载瓦语,意为"大伙跳舞"。每当庆祝胜利、欢庆丰收、迎接贵宾、纪念重要节日时都要举行目瑙纵歌,其中以每年农历正月十五举行的最为盛大。与泼水节一样,目瑙纵歌已成为德宏各族人民加强交流、增进感情的盛会。

景颇族传统婚礼习俗过草桥

景颇族各支系女性盛装

景颇汉子

景颇族传统竹篾编织技艺

身着盛装的阿昌族妇女

陇川县户撒的阿昌族

阿昌族

德宏州也是全国最大的阿昌族聚居地。阿昌族人口3.29万人（2019年），约占全国阿昌族总人口的85%以上，主要分布在梁河、陇川，有梁河县九保、囊宋及陇川县户撒3个阿昌族乡。阿昌语属于汉藏语系藏缅语族缅语支，有陇川、梁河、潞西3种方言。阿昌族一般兼通汉语或傣语，没有文字，使用汉文或傣文。

阿昌族在古代汉文献中曾被称为"峨昌""莪昌""娥昌"等。阿昌族源于古代的氐羌族群，与南诏、大理国时期的"寻传蛮"有渊源。阿昌族先民很早就居住在滇西北的金沙江、澜沧江和怒江流域一带，后来一部分迁至怒江西岸，即古代称作"寻传"的地区，再逐渐南移，约于13世纪定居于现在的陇川县户撒坝子，另一部分则沿云龙、保山、腾冲迁徙，最后定居于梁河地区。

阿昌族的口头文学极为丰富，其代表作《遮帕麻与遮米麻》，是祭师活袍口耳传承下来的创世史诗。阿昌族精于农耕，擅长栽培水稻，户撒烟享有盛名。手工业尤以刀具铸造最为著名，远销西藏、青海等地。阿昌族主食大米，喜欢饮酒，嗜酸辣，多数人家自酿米酒，特色小吃有过手米线。阿昌族主要节日有阿露窝罗节，是阿昌族最具民族特色的节庆活动，每年3月20日举行。另外，阿昌族还有撒种节、火把节、尝新节等节日活动。

阿昌族最盛大的节日阿露窝罗节

青龙白象是阿昌族的图腾

阿昌族妇女

阿昌族传统风俗送行

对歌是阿昌族喜爱的文化娱乐活动

舞狮是阿露窝罗节上的重要内容

青年男女恋爱自由,通过对歌互诉情感

阿昌族创世史诗《遮帕麻和遮米麻》是祭师口耳传承的精品

烟盒传情

德昂族传统节日泼水节

德昂族

德宏州德昂族人口1.57万人（2019年），占全国德昂族总人口的75%，是德宏最古老的世居民族之一。德昂族是中缅交界地区的山地民族。语言属于南亚语系孟—高棉语族佤德昂语支，分为布雷、汝买、若进三种方言，没有本民族的文字。因长期与傣、汉、景颇等民族相处，许多人通傣语、汉语和景颇语。德昂族先民源于汉晋时的濮人，隋唐称为"茫蛮""扑子蛮""望苴子蛮"，历史上先后属汉、晋王朝及南诏、大理国。元代在今潞西地区设"茫施路军民总管府"，封阿利（传说是德昂族的头人）为土官。明代中央王朝封傣族刀姓为茫施（今芒市）长官司长官。傣族土司又封德昂族头人为"老"。早在公元前2世纪德昂族先民就居住在怒江两岸，是德宏、保山一带较早的民族之一。

德昂族以农耕为主，种植旱稻、玉米、薯类等农作物，擅长种茶。德昂族以大米为主食，嗜酸辣，好饮茶喝酒，以烤茶招待客人。种植茶叶历史悠久，远古时期曾将茶叶视为图腾崇拜物。德昂族有关门节、开门节、烧白柴等传统节日，最盛大的节庆是泼水节。

德昂族以农耕为主，最为擅长种茶，被称为"古老的茶农"

水鼓是德昂族独有的乐器

斗舞

德昂族采茶

制茶

泡茶

制作的茶饼

聚居在盈江县苏典乡一带的傈僳族

傈僳族

傈僳族多居住在高寒山区，德宏州的傈僳族人口 3.42 万人（2019 年），约占全国傈僳族总人口的 4.9%，主要聚居地在盈江县北部苏典乡一带，也散居于各县市山区。中华人民共和国成立后建立苏典傈僳族乡。傈僳语属汉藏语系藏缅语族彝语支。傈僳族先民先秦时期属氐羌，汉晋时属"叟"。唐代称其为"傈蛮"或"栗粟"，明清时称其为"力"或"栗粟"。宋称"施蛮""顺蛮"，元明清称"力些""栗粟"等。"傈僳"为自称，这个名称，除有关史籍用字稍异外，一直沿用至今。公元 8 世纪以前，其先民居住于四川雅砻江及金沙江两岸；8 世纪以后，逐渐向云南西北迁徙。16 世纪中叶，大批傈僳族先民在部落首领木必扒的率领下，

傈僳族最主要节日阔时节在每年正月十九举行

迁入怒江地区。17世纪末,一部分傈僳族又"沿着太阳落的地方迁移",从片马、古永进入德宏盈江及周边地区,形成大分散、小集中的居住特点。傈僳族有多个支系,德宏主要为花傈僳。在长期的生产实践中,傈僳先民摸清了自然规律与农业生产之间的关系,什么时候挖地、播种、收割,都是根据鸟叫、花开、草木荣枯等自然现象来确定。历史上习惯用自然历法,借助自然景物的变化,将一年中的12个月不以序数词而以自然现象命名:1月称为"阔时月",种苦荞、马铃薯、黄豆等作物,挖麻塘;2月称为"百灵鸟月",种玉米、套种豆类、撒秧、砍柴等。傈僳族能歌善舞,以唱调子(叙事长诗)的形式,将本民族历史和重要事件代代相传。最隆重的节日为"阔时节",时间为农历正月,不仅是傈僳族阖家欢乐的隆重节庆,也是共同的歌舞盛会。傈僳族刀杆节时会表演火海中的各种技艺,如嘴咬烫犁头、光脚过火海,因而也被人们称为"上刀山、下火海"的民族。

德宏傣族景颇族自治州卷
民族团结篇

神秘的诗蜜瓦底

欢庆阔时节

211

傈僳族跳达嘎

傈僳族少女

傈僳族以唱调子的形式，把本民族的历史和生活经验代代相传

（二）民族文化艺术交流

近年来，德宏州发挥自身独特优势，建立区域性节庆活动联盟，打造区域性国际影视盛会，拓展"一带一路"沿线国家文化交流新渠道，促进中外文化艺术的交流互动，推动了边疆民族文艺事业繁荣发展。

德宏州成为国家开展对外交流的一个重要平台。在对外文化交流方面，德宏州有三大突出优势：

第一，区位优势明显。德宏州地处中国西南边陲，是"西南丝绸之路"上的重要驿站，抗战时期是滇缅公路、史迪威公路和中印输油管道的出入境口，且与东南亚、南亚国家山水相连，百姓友好往来，经贸合作、文化交流源远流长。在与中、缅、印三国的交流方面发挥着十分重要的作用。第二，文化优势突出。德宏州地处中华文化圈、东南亚文化圈、南亚文化圈的交汇地，形成了中原文化与南亚文化、南传上座部佛教文化与汉传佛教文化、汉文化与边境少数民族文化、现代文明与原始文明相互交融、和谐共生的多元民族文化。第三，具有跨境民族的优势。缅甸和印度东北部的掸、克钦、阿萨姆等众多民族与德宏傣、景颇、阿昌、德昂、傈僳等少数民族同族同宗、同语同俗，长期友好往来、互市通婚，使边境沿线和跨国的文化交流十分活跃。独特的优势为德宏对外文化交流的发展创造了得天独厚的条件。

德宏州积极打造区域性人文交流品牌，以文化融通讲好"丝绸之路"故事。融入"一带一路"倡议，坚持文化先行、辐射带动，充分利用德宏州独特的区位、文化以及跨境民族优势，开展多姿多彩的节庆与文化活动，加快德宏州文化"走出去"，使德宏州成为对外文化交流的前沿，繁荣发展边疆文化事业，进一步增进与南亚东南亚国家的文化交流。深入挖掘民族文化、生态文化、边地文化、珠宝文化、抗战文化等"五大特色文化"，提升景颇族目瑙纵歌节、傣族泼水节、中缅胞波狂欢节和傣文化国际研讨会、景颇文化国际研讨会等节会的知名度。同时，积极开展文学、艺术、影视、体育、民族特色文化等展示、研讨、交流，打造与印度洋周边国家文化交流的高端平台。

胞波情深

1987年，傣剧第一次走出国门赴缅甸演出，盛况空前。1993年以来，德宏州傣剧传承保护展演中心几乎每年都会到缅甸演出一次，成为中缅文化交流的使者。

近年来，德宏州群众文化工作人员深入到边境村寨开展文化辅导活动，累计有700余次，参与活动的缅甸边民达2万余人次。

2008年，缅甸克钦邦艺术团到德宏州参加了由州文化馆举办的为期一个月的民间艺术团培训，并举行了汇报演出。

2014年，将文化"大篷车"开出了国门，傣剧《娥并与桑洛》《朗推罕》《千瓣莲花》吸引了2万多缅甸群众前来观看。

2018年3月，"首届'一带一路'国际微纪录德宏影展"在德宏州举办，征集到来自菲律宾、越南、泰国、老挝、柬埔寨、缅甸、尼泊尔等国家和地区的170多部作品。举办区域性国际影视盛会，旨在进一步激发海内外广大影视工作、爱好者的创新创造力，促进中外文化艺术的交流互动，推动跨国、跨地区的影视

一年一度的中缅胞波狂欢节上，牛车特别具有吸引力

胞波节上的牛车选美巡游

"三区"文化人才下乡培训当地民间文艺队

开展民族文化交流

联盟建设。

2018年，德宏州参加中央电视台二套精品节目《魅力中国城》的竞演，取得总比分第二名的好成绩，荣获了中国"十佳魅力城市"的称号。

2019年德宏州积极参与"中缅情·合家欢"春节联欢晚会暨中缅文化周（曼德勒地区）活动、《2019年中国缅甸跨国春晚》、央视CCTV3套"黄金100秒"栏目节目录制以及赴泰国参加"欢乐春节"文化艺术演出、到乌拉圭进行文化交流活动，举办"一带一路"中缅民间文化交流文艺晚会，组织"国门文化工程"对外交流展演代表团赴缅甸曼德勒开展文化交流活动。

龙舟赛现场

瑞丽江上的中缅竹筏比赛

赛竹筏

三、扶持人口较少民族

德宏州人口较少民族主要有景颇族、德昂族、阿昌族 3 个民族，2014 年，5 个县市中有 4 个贫困县、186 个贫困村，其中 53 个是深度贫困村；有建档立卡贫困人口 15.19 万人。综合贫困发生率高达 16.05%。由于居住地理位置偏僻，远离城市、交通不便，加上缺少先进的生产技术和技能，属滇西边境集中连片特殊困难地区。

德宏州委州政府认真学习贯彻落实习近平总书记关于"全面建成小康社会，一个民族都不能少，决不能让困难地区和困难群众掉队"的重要指示精神，以推动民族团结、社会发展、人民幸福为宗旨，采取超常规举措推进人口较少民族脱贫攻坚行动。

全面深入调研，摸清村情贫情。精准扶贫前期，在人口较少民族地区组织大规模、全覆盖的贫困对象精准识别和建档立卡工作。同时，通过入户摸底调查，摸清每一户致贫原因，结合实际合理制定帮扶措施，实现了扶持对象精准、帮扶措施精准。

强化规划引领，汇聚各方力量。结合德宏州人口较少民族聚居区贫困情况，按照"六个精准"要求，科学编制了《德宏州"人口较少民族"脱贫攻坚行动计划（2016-2020 年）》，按照"能力素质提升、劳动力转移就业、安居工程、特色产业培育、基础设施改善、生态环境保护"六大工程，充分利用资源，结合三峡集团对口帮扶景颇族、云南省烟草公司对口帮扶阿昌族等有利时机，持续加大人口较少民族脱贫攻坚力度。

深化宣传动员，营造良好氛围。多渠道、多形式宣传中央、省、州脱贫攻坚以及扶持人口较少民族发展的方针政策，宣传全面打赢人口较少民族脱贫攻坚战的成功经验和先进典型，动员全社会更加关心和支持人口较少民族的脱贫攻坚工作。充分发挥基层党组织战斗堡垒作用，深入发动群众、组织群众，落实群众的知情权、选择权、监督权、参与权、决策权，尊重人口较少民族群众发展意愿，激发人口较少民族群众的发展动力。

在景颇族织锦大赛上展示景颇族织锦

坚持因地制宜,做到精准施策。针对德宏州人口较少民族聚居区大部分地处边境一线,承担着守土固边的重任,但普遍存在着基本生存条件差、基础设施薄弱的问题,持续开展水、电、路、广播电视、通信、金融网点等基础设施建设,实现行政村100%通硬化道路、建制村100%通客运班车和100%通邮、51%以上自然村公路通畅。通电、通电话、电视和宽带网络覆盖行政村的比例均达到99%以上,基础设施条件明显改善。大力发展生态农业、生态林业、民族文化乡村旅游,增加群众收入,农村常住居民人均可支配收入从2015年末的7917元增加到2019年末的11409元,增长3492元。实施教育扶贫,加大人口较少民族国家通用语言培训,有效提升人口较少民族综合素质。抓实健康扶贫,提升医疗服务。建档立卡贫困人口参保率达100%,建档立卡贫困户住院报销比例达到90%以上,家庭医生100%签约服务,基本实现"小病不出村、大病不出县"。

传授传统景颇族织锦技艺

阿昌族的"户撒刀"远近闻名,深受国内外用户青睐

培养新技能,提高人口较少民族素质

加强生态保护,实现绿色发展。对处在生态脆弱区、地质灾害威胁区和自然保护区周边的人口较少民族村落,大力实施易地扶贫搬迁工程;落实退耕还林还草政策,将居住在生态保护区周边有劳动能力的部分人口较少民族群众聘为护林员,发放补助金,完善森林分类经营和生态补偿机制,基本实现脱贫攻坚与生态保护共赢目标,盈江县太平镇犀鸟谷发展生态旅游观鸟,使群众从打鸟转变为爱鸟、护鸟,从爱鸟、护鸟中尝到甜头、得到实惠、实现脱贫,是生态保护与脱贫攻坚双推共促的生动实践。

2019年,全州景颇族贫困发生率下降至0.40%,阿昌族贫困发生率下降至0.53%,德昂族贫困发生率下降至0.24%。

截至2020年7月,德宏州4个贫困县已全部脱贫摘帽,186个贫困村全部出列,14.91万人实现脱贫,"人口较少民族"实现整族脱贫,脱贫攻坚取得决定性胜利。

特色产业——水果种植成为德昂族致富新渠道

扶持种植的德宏州梁河县芒东镇大窝子村柑橘丰收

德宏州芒市三台山乡出东瓜村村民小组的德昂族姑娘正在采茶

梁河县九保乡勐科村委会荒田村阿昌族茶叶基地

自然人文篇

盈江湿地

一、自然资源概况

德宏州自然资源蕴藏丰富，人文景观壮丽秀美。德宏州地处东经97°31′—98°43′，北纬23°50′—25°20′，海拔800—2000米，年平均气温18.4℃—20℃之间，年降雨量1200—1700毫米，属南亚热带季风气候类型。有高等植物339科1908属6033种，其中原生植物有5349种、引种栽培植物684种。主要矿产有锡、铅、锌、铁、铜、钨、金、银等有色金属。地方名特产品有傣锦、回龙茶、遮放贡米、后谷咖啡等。

盈江县铜壁关的"华夏榕树王"树龄在500年以上，是我国最大的榕树

全州森林面积77.81万公顷，森林覆盖率达到69.65%。自然保护区2个，保护区面积达5.47万公顷。

（一）稀有植物资源

德宏州自然资源丰富，有"植物王国""物种基因库"之称。州内属国家级、省级保护植物159种，如国家一级保护植物秃杉、云南红豆杉等，国家二级保护植物四数木、董棕、滇桐、云南黄连、香果树、云南石梓、鹅掌楸、铁刀木、大树杜鹃、云南娑罗双、野茶树、云南山茶、鹿角蕨等，国家三级保护植物顶果木、菠萝蜜、龙脑香、山龙眼、天料木、滇楠、紫薇、木姜子、厚朴、林生芒果、木莲、红椿、铁杉、千果榄仁、苏铁、香樟、云南肉豆蔻、云南七叶树等。用材林

石斛花是天然的保健良品

主要树种有松树、椿树、栎类、杉木、楠木等；经济林主要树种有油茶、核桃、油桐、香果、橡胶、乌桕、漆树等；果木林主要树种有芒果、菠萝蜜、番石榴、柚子、桂圆、荔枝等；薪炭林主要有铁刀木、杞木、栎类、桦桃等；防护林主要树种有银桦、喜树、樱桃、木荷、合欢类等；风景林主要树种有大叶榕、小叶榕、董棕、台湾相思、木棉、凤凰木、棕榈、梧桐等。

德宏州药材资源丰富，药用植物分布广、蕴藏量大，木本、草本药用植物共计2000多种，是我国野生植物药资源宝库之一，有"弯腰能找三种药"之说。德宏素有"竹乡"之称，竹类品种繁多，有凤尾竹、刺竹、牡竹、鱼竹、大金竹、香竹、慈竹、斑竹、甜竹、龙竹、实竹等。

德宏特有的国家二级保护植物,热带雨林代表树种——云南娑罗双

奇珍异宝——野生石斛

有"活化石"之称的国家一级保护植物桫椤

德宏州境内野生菌种类近百种

花冠皱盔犀鸟

双角犀鸟

（二）稀有动物资源

德宏州野生动物资源丰富，史籍多有记载。明代李思聪所著《百夷传》载："境内所产珍物有犀、象、麝、鹦鹉、孔雀、鳞蛇。"《西南夷风土记》载："畜产亦与中州不殊，惟鸡差小好鸣，其音凄切"。根据调查，德宏州有陆生和水生脊椎野生动物725种，其中属国家一级保护动物23种，国家二级保护动物69种，省级保护动物6种，有益的和有重要经济、科学研究价值动物26种，是全省乃至全国少有的一块生物多样性宝地。位于德宏州盈江县境内的铜壁关自然保护区地处我国西南山地纵向岭谷区高黎贡山的南段，生物多样性极其丰富，区系地理成分十分复杂。德宏州野生动物种类虽然繁多，但是每种动物的个体数相对偏少且分布分散，珍贵稀有种类多，但多濒临灭绝。一类保护动物有绿孔雀、熊猴、金钱豹、孟加拉虎等。集中分布了以白眉长臂猿、犀鸟、原鸡、孔雀雉等为代表的热带珍稀古老和特有的动物类群，具有极高的科学研究价值和保护地位。据不完全统计，已发现鸟类710种，分布总数排名全国第一。有"中国犀鸟谷"之称的盈江石梯村，世居的景颇族、傈僳族村民从打鸟人变成爱鸟人、砍树人变成护林人。

红腿小隼

猛隼

大灰啄木鸟

灰孔雀雉

黄嘴河燕鸥

白眉长臂猿

猴面鹰

大娘山是德宏州最高的山，相对高差有2000多米，呈现立体植物分布的特点，山下炎热多雨，山顶冬季积雪。热带雨林、亚热带常绿阔叶林、温带山地苔藓林、高山寒带针叶林，拥有丰富的野生动植物资源

二、特色旅游资源

德宏州紧靠北回归线，瑞丽江、大盈江融贯全州注入缅甸伊洛瓦底江，全州森林覆盖率达62.8%，自然风光优美，气候条件优越，全境山峦起伏，充足的光热水汽，无论山区或是平坝，放眼四顾，到处郁郁葱葱，令人赏心悦目。独具特色的民族文化、边地文化、生态文化、珠宝文化、抗战文化、知青文化，成为德宏发展旅游文化产业的优势资源。德宏印象、芒市傣族古镇、圣水庄园、瑞丽一寨两国、陇川京旺温泉度假村、陇川通用机场、龙安土砖文化驿站等重大旅游项目稳步向前推进。

大盈江漂流最远可抵虎跳石附近,流程需八九个小时

(一) 得天独厚的自然景观和人文环境

德宏州自然景观壮丽神奇,全境山峦起伏,河流交错,多山间盆地。著名的大娘山是德宏州最高的山,山脉纵贯盈江县支那、苏典、勐弄、卡场、昔马、铜壁关等乡镇,直抵缅甸伊洛瓦底江边;三仙洞位于潞西市勐嘎镇三角岩村,为岩溶地貌;茶马古道要塞杉木笼地处梁河、陇川交界的高山上,巍峨险峻、陡崖千尺,常年云遮雾绕,崖壁上有古人题刻的"三川一览"。还有丰富的地热资源,如潞西法帕温泉、梁河囊宋温泉、龙窝温泉等。

德宏州拥有瑞丽江—大盈江国家级风景名胜区,其范围几乎涵盖全州1万多平方公里。已经开放景点27个,其中自然景点17个、人文景点10个。有6个A级景区,重点文物保护单位5个。

孔雀湖生态旅游区位于芒市城东5公里处,是一个集原始生态与现代风情为一体的水上乐园,因曾是绿孔雀栖息之地而得名。孔雀湖周围山体处于高黎贡山脉西麓斜坡地带,湖区多有山间宽谷,森林茂密,空气清新,景色优美,气候宜人,是休闲度假、避暑的胜地

　　德宏州的人文景观主要有体现佛教文化的寺院佛塔、具有浓郁民族风情的各类景观以及著名的滇西抗战遗址等三类。德宏州有三大奘房和四大名塔。三大奘房为芒市菩提寺、瑞丽大等罕奘房、罕萨奘房。四大名塔为盈江允燕塔、瑞丽姐勒塔、陇川景坎塔、芒市树包塔。此外,还有芒市五云寺、潞西风平佛塔、瑞丽弄安金鸭塔、瑞丽雷奘相塔、陇川户撒白马鹿塔、陇川白象塔等也是南传上座部佛教寺院以及梁河九保太平寺、陇川户撒皇阁寺、芒市观音寺、盈江油松岭青云寺等佛教寺院和道教道观。

　　独特的自然景观和人文景观遍布全州各县市：有芒市勐巴娜西珍奇园、树包塔奇观、勐焕大金塔银塔等；瑞丽市畹町边关文化园、畹町国家森林公园、畹町九谷桥、畹町南侨机工回国抗日纪念公园等；陇川县的云南景颇园、景罕玉兔佛塔、户撒皇阁寺等；盈江县的凯邦亚湖、大盈江湿地公园、允燕山、榕树王、"马

凯邦亚湖为户宋河电站的蓄水库，有53个山丘小岛

嘉里事件"纪念碑等；梁河县的南甸宣抚司署、勐底大金塔、龙窝温泉等。德宏的少数民族传统节日有傣族的泼水节、景颇族的目瑙纵歌节、阿昌族的阿露窝罗节、傈僳族的阔时节、德昂族的浇花节等。此外，还有德宏特色的中缅胞波狂欢节、中缅国际马拉松比赛、瑞丽国际珠宝文化节、中缅边交会等。

（二）文化旅游融合迈出新步伐

德宏州有着良好的区位、自然资源和气候条件优势，同时有着深厚的历史文化及少数民族文化底蕴，是名副其实的文化旅游胜地。德宏州积极融入大滇西旅游环线，全面推进"旅游革命"九大工程和"一部手机游云南"项目。新增国家3A级旅游景区4个，创建芒市、瑞丽市省级全域旅游示范区和孔雀湖、姐告省级旅游度假区，傣族古镇、史迪威码头等项目正在加快推进，旅游厕所、汽车营地、民宿客栈等服务设施不断完善。

瑞丽江—大盈江国家级风景名胜区、畹町镇分别荣获央视文化旅游年度"魅力生态景区"和"魅力小镇"称号，盈江犀鸟谷、芒市孔雀谷等生态旅游景区持续升温，乡村游、边境游、自驾游热度不减，史迪威码头、大盈江湿地公园等重点旅游项目建设稳步推进。瑞丽江漂流自遮放嘎中顺江而下至畹瑞大桥进入瑞丽坝子，江面豁然宽广、坦荡如砥，江畔傣寨掩映于青翠欲滴的竹树之中，处处充满诗情画意。

营地的建设为"体育+"发展模式的实现提供了模板，汽车营地、徒步登山、雨林越野、丛林野战等户外运动项目充分体现了营地的雨林景观和民族特色。

德宏州国境线长，且大多无天然屏障，中缅两国山水相连，阡陌相通，"一寨两国""一岛两国""一院两国""两国共饮一江水""共饮一井水"等，形成了独有的边地景观。

为更好地发挥德宏"魅力中国城"效应，在旅游文化产业对外交流方面取得进一步的成效，德宏在缅甸内比都、仰光、曼德勒、密支那、腊戌、八莫设立了6个商务代表处，有效促进了双方全方位、宽领域、深层次的交流交往合作。积极培育发展中缅边境游，推出了中缅边境一日游、中缅边境自驾车游等旅游路线。仅2018年，接待边境出境一日游团体9997个、41127人次。

"文化+旅游"的融合模式给德宏州发展带来了新的经济增长点，仅2019年，全年接待游客2945.72万人次，比上年增长16.5%。其中，海外游客66.27万人次，增长13.1%；国内游客2879.45万人次，增长16.6%。旅游业总收入564.1亿元，增长18.4%。

三、历史古迹

早在先秦时期，四川成都与印度之间便有一条国际商道，古称"蜀身毒道"（"身毒"，古称印度），即南方"丝绸之路"。丝路东起四川成都，进云南后横贯德宏全境，出缅甸达印度，再转至中东和地中海沿岸。元朝以后，历代王朝始沿此道开辟铺、台、站，作为商旅休憩和邮传联络各方的中转驿站。德宏作为这条商道的必经之地，成为中国通向南亚、印度及欧洲的门户。因此，中原黄河文明与印度恒河文明在德宏交汇、碰撞，不仅促进了德宏社会历史发展，也形成了绚丽多姿的地方文化。

莫里风景区为国家4A级景区，位于瑞丽江嘎中江流域峡谷北岸的山谷中。三面环山，森林密布，谷底平地有一池温泉，传说是野象为佛祖建造的浴池。其倾斜于地面的岩壁上有长96厘米、宽43厘米的巨大左足印，为誉满东南亚的"佛脚印"

勐巴娜西珍奇园是国家4A级景区,位于芒市城区,是一座荟萃古木名树、奇石珍宝的生态园林。有周恩来总理纪念亭、白龙亭、目瑙示栋、珍藏馆等。园内有古树800余株,树化石、树化玉1000余吨。古树中有千年桂花、千年紫薇、千年黄杨、六百年榕树、五百年鸡蛋花、三百年三角梅。最大的树化玉高4米多、直径1米多,重4吨多

一寨两国水井。瑞丽弄岛乡姐冒寨与缅甸滚海寨之间有一个宝塔式的"南磨广"("井塔"),中缅两国边民在这里汲水、冲凉、洗菜、洗衣,呈现出无限的安宁与祥和,形成一道独特的风景

广山景颇园

陇川龙安的温泉旅游区

勐焕大金塔

德宏州历史文化积淀丰厚，名胜古迹众多。历史古迹有平麓古城遗址、万象古城遗址、德昂女王宫遗址、八关九隘、南甸司署衙门、古镇九保、李根源故居等。

召武定墓

位于瑞丽市弄岛乡雷允寨雷允山，墓为四方形塔状。该处原为傣族古国勐卯果占壁故都雷允城故地。宫殿遗址旁有古榕、古井。据傣文史籍《嘿勐沽勐》记载，战国周显王五年（公元前364年），始建果占壁国（又称"勐卯国"），从而揭开了傣族古代史的篇章。召武定是果占壁国王，其事迹在傣文史籍《召武定》一书有详细记载。

平麓古城遗址

位于瑞丽市城区西侧高公里的山丘上，山下是宽阔的瑞丽江。平麓古城始筑于明代万历二十四年（1596年），"平麓"含有"平定麓川叛乱"之意，古城主要是朝廷军队为防御外敌侵扰而筑城设防。

万象古城遗址

万象城原为干崖土司第10、11、12代宣抚使治所，历时78年。遗址在今盈江县姐闷村，傣语称为"姐闷掌"，意为"有过万头大象的都城"。这座废弃了400多年的古城，有一座石拱桥，是至今发现的盈江最古老的石拱桥。

德昂女王宫遗址

位于陇川县邦瓦山下一座圆形山坡上，地势开阔，可尽览陇川坝秀色。坡地上绿树成荫，王宫遗址依稀可见。山顶有一亩多平地，三面有石砌环山挡墙。王宫仅遗残砖断瓦、铺地方砖、彩釉斗拱等，均为明代盛行的建筑材料。王宫建于何时，已无据可考，仅从残迹推测，大约始建于明代，曾有过辉煌的时期。据传说，王宫附近山下，曾为德昂族聚居地，北面有"允德昂"（德昂城），南面有"允弄"（大城），皆人丁兴旺，市井繁荣，建筑物多为瓦房，而且每户人家都有花园。

八关九隘

明万历二十二年（1594年），为抵御外敌入侵，云南巡抚陈用宾于中缅边境修筑了8道关堡。这些关堡都设在山势险峻之处,建有四五丈高的楼台,并有重兵驻防,因据险而立,易守难攻。八关分上四关和下四关,上四关为神护关、万仞关、巨石关、铜壁关,下四关为铁壁关、虎踞关、汉龙关、天马关。由于清廷腐败无能,下四关悉数归入缅境,只剩上四关(均在盈江县境)。辛亥革命后,守关清军陆续逃亡,关堡逐渐破损倒塌,留下狼藉遍地的断瓦残垣,仅存"天朝巨石关"匾额等少量遗物。这些隘口多数在德宏境内,虽然设施简陋,"立木为栅"以作守地,但是对于边疆的安定都发挥过重要的作用。

"马嘉里事件"起源地

远在缅甸全境沦为殖民地之前,英帝国就觊觎我国边境领土。1874年,英军头目柏郎上校率领一支近两百人的勘测队探查缅甸陆路交通,英国驻华使馆翻译马嘉里南下配合。马嘉里一路收集情报,于1875年元月抵达缅甸八莫与柏郎会晤,两天后再依原路返回接应柏郎,行至户宋河边,受到景颇族义兵的劝阻,骄横的马嘉里不听忠告,反而开枪打死我方人员,义兵们忍无可忍,将马嘉里击毙于河边,从而引发了震惊中外的"马嘉里事件"(又称"滇案"),并导致清廷签订了丧权辱国的《中英烟台条约》。为了不忘国耻,盈江县人民政府在该地竖立了一块纪念碑,上书"马嘉里事件起源地"。

橡胶母树

在盈江新城凤凰山上,有一株高大挺拔、苍劲繁茂的国家重点保护的"中国橡胶母树",为傣族民族民主革命先驱刀安仁先生所引种。1906年,刀安仁东渡日本求学,途经新加坡时,购买了8000株橡胶幼苗,派人送回干崖定植。中华人民共和国成立时仅存3株,后又因风灾死掉2株。据专家考证,它比我国台湾引种的橡胶树早两年,比海南岛引种的早一年,是我国引种最早、树龄最长的橡胶树。

南甸宣抚司署

司署即衙门,过去腾龙边区十土司都有各自的司署,为庞大的建筑群,至今仅存的唯有南甸宣抚司署。南甸宣抚司署位于梁河主大街

南甸宣抚司署是国家级文物保护单位

南甸路北端，门楼上悬"世袭南甸宣抚司署"匾额。大门内为五进四院。主院之外另有旁院10个，总计有房屋47幢、房间149个。四周另有24间耳房，以及佛堂、戏楼、小姐楼、花园、佣人住房、粮库、马房、军械库、监狱等附属建筑，各院的正面都悬有岑毓英、陈荣昌等历代高官题写的匾额。大堂是土司坐堂审案的地方，二堂为会客厅，三堂为议事厅。正堂是土司官及眷属居室。南甸宣抚司署占地总面积10625平方米，建筑面积7760平方米。如此规模，在全国土司衙门中罕见。

李根源故居。李根源,(1879—1965),字印泉,民国元老,年轻时曾留学日本,创办了《云南杂志》,倡导革命。李根源故居位于梁河县九保镇,为四合两照壁,具有典型的滇西民居建筑风格

九保古镇

九保是南方"丝绸之路"上的重要驿站。后街原有古榕一株,相传为宋元时期的古树,树下有一方石碑,上书"永历帝驻跸处",是明末永历皇帝逃亡时停留过的地方,碑文为清末名士赵藩所书。九保是民国元老李根源先生的故乡,在他的倡导下,民国初年就在九保建立了懿范女子学校,制定了《九保学生奖学金简章》,提倡"天足运动"。其影响波及至今,现在梁河县九保七八十岁的妇女,几乎没有不识字的。

邦角山官衙门

位于陇川县王子树乡石婆坡隘(又名龙骥营宫卡)。中华人民共和国成立前,为南甸土司属地。清咸丰年间,景颇族山官尚万年因征战有功,被委以石婆坡隘抚夷。石婆坡隘土地宽广,居民近万。隘卡设于峰峦叠嶂的山巅,地势十分险峻。现存邦角山官衙门,为尚自贵(曾任副抚夷)于1935年建成。衙门有厅堂和正堂两院,另有厢房、库房等附属建筑,四周为石砌围墙,院门外有石碉堡。

滇西抗战遗址——黑山门战斗遗址。二战时期，德宏是滇西抗战主战场之一，为让后人不忘国耻，弘扬爱国主义精神，在主要战场遗址黑山门、三台山、芒允等地，建立了12座遗址纪念碑

历史的见证——张金山战斗遗址

雷允飞机制造厂遗址

雷允位于瑞丽市西南端边缘地带。抗日战争爆发后，国民党中央飞机制造厂累遭日机轰炸，先迁往汉口，几经辗转，于1938年迁至位于中缅边境的雷允。1939年7月投产，1940年12月遭日军轰炸被迫停产。在一年多时间里，先后组装、维修飞机几百架，为提高空军对日作战能力以及我国现代航空事业的发展作出过重要贡献。如今，还遗存飞机跑道和少量地面建筑物。2001年，在州政协牵头组织下建成"雷允飞机场旧址纪念碑"。

瑞丽南亚红木家具国际博览中心

四、境内独特物产

（一）西部红木之都

德宏州因其特有的地理区位优势，一度成为东南亚、南亚红木资源集散地和名贵木材"中转站"。近十年间，中国经济快速发展，红木家具业也迎来了自己蓬勃发展的黄金时期，形成了以仿古家具、木雕、根雕为代表，集原料采购、产品的设计、加工生产、销售服务于一体的完整的红木文化产业体系。建成了瑞丽南亚红木家具国际博览中心，为东南亚、南亚单体建筑面积最大，集展示与销售为一体的专业红木家具、红木工艺品商城；创设并成功举办了三届瑞丽红木文化节和"神工奖"红木家具根雕木艺精品大赛，瑞丽市被中国家具行业协会授予"中国（瑞丽）红木家具产业基地"称号。

红木雕刻作品

红木加工（一）

红木加工（二）

瑞丽红木家具

（二）美丽德宏·中国玉都

德宏州地处世界南北向与北西向两大宝石成矿构造带的北延交汇部，并紧邻世界上最大的珠宝玉石资源国缅甸，具有突出的原料进口优势，是云南珠宝文化产业发展的前沿市场和全国重要的珠宝原料进口和翡翠成品交易地。近年来，通过发挥自身优势、科学规划、突出特色、创新模式、丰富载体，珠宝文化产业发展繁荣昌盛。截至2015年，来自我国广东、福建、浙江、江苏、台湾、香港和东南亚、南亚各国的珠宝商已达8000余户，从业人员近7万人，珠宝交易额达到100亿元。

按照"三中心，五大基地"的产业布局，德宏州先后建设了"瑞丽珠宝旅游步行街""华丰国际珠宝商城""姐告玉城珠宝交易中心""芒市国际珠宝小镇""瑞丽德龙国际珠宝城""瑞丽样样好翡翠文化园"等珠宝文化产业园区，建成了"瑞丽玉石毛料公盘交易市场""盈江玉石毛料公盘交易市场""瑞丽珠宝翡翠博物馆"等重点珠宝文化产业项目。创设并成功举办了6届"中国·瑞丽珠宝文化节"，创办了面向全国的高端时尚读物——《东方珠宝》杂志，先后被祥鹏航空公司、东方航空公司、昆明航空公司、瑞丽航空公司指定为乘机读物；创设了瑞丽"神工奖"和芒市"金象奖"评奖体系，并积极组织参加"云南玉雕大师作品大赛"，连续5届在获"云南玉雕大师"称号人数和获金奖作品件数方面名列全省之首。培育了勐拱翡翠、样样好珠宝、百美珠宝、万丽珠宝、三彩翡翠等一批知名珠宝品牌，"美丽德宏·中国玉都""瑞丽东方珠宝城""芒市珠宝文化城""盈江翡翠毛料城"等品牌得到进一步巩固和提升。

芒市珠宝小镇

瑞丽珠宝翡翠博物馆

翡翠雕件项链

翡翠佛手

玉观音

黄龙玉雕白菜

亚洲一号翡翠原石

翡翠、玉石毛料交易市场

翡翠毛料公盘

瑞丽的河中淘宝场

傣族孔雀宴

(三) 其他绿色产品

德宏州种茶历史悠久。据史料记载,德昂族是"最古老的茶农"。中华人民共和国成立之初,全州有野生茶树140万株,相传为德昂族所栽。德宏州茶叶资源有4系8种,主要为云南大叶茶种。德宏州茶叶以青茶为主,知名度较高的有梁河回龙茶、陇川姐乌茶、王子树青茶、潞西云雾银钩、畹町峰绿等。王子树青茶条索紧细、汤色清亮、香浓味醇,产于海拔2000多米的高山。

1914年,咖啡开始传入今瑞丽市种植,德宏州的小粒咖啡受到广泛好评。德宏州咖啡产业发展迅猛,至今种植咖啡近20万亩,年产咖啡鲜果达10多万吨,被誉为"中国咖啡之乡"。

绞股蓝,俗称"七叶胆""五叶参""甘茶蔓""小苦药",国人誉之为"第二人参",日本人称之为"长寿草"。绞股蓝具有极高的药用价值,被称为"世界四大纯天然保健品之冠"。绞股蓝含有80多种绞蓝皂甙,其中4种与人参皂甙完全相同、11种与人参皂甙相似,还含有多种微量元素和氨基酸,是具有人参之功能而无人参之副作用的多功能保健食品。

傣家三道撒

景颇族绿叶宴

景颇族盛宴

梁河回龙茶驰名中外

此外还有一些特色农产品，如坝区傣族园里栽培的四楞豆、秋葵以及龙葵，果实可食用、根可入药的水茄。景颇族种于旱地的吉龙草等都深受喜爱。

德宏州的开放性决定了饮食文化的兼容性，既有极富民族特色的傣族、景颇族传统菜肴，也有深受食客们欢迎的川味、滇味、粤味，还有来自缅甸等东南亚国家的名菜，名特小吃品种繁多、应有尽有。民族特色菜肴和小吃主要有：菠萝糯米饭、傣味凉鸡、竹筒乳鸽、蕉叶包豆腐、火烧牛干巴、干腌菜汤、泼水粑粑、过手米线、稀豆粉粑粑、景颇族春菜等。

德宏州风光秀丽、气候宜人，是最适宜人类居住的地方。只要来到德宏，就能呼吸新鲜空气、品尝绿色食品、享受好心情。

德宏被誉为"中国咖啡之乡"

咖啡产业

柠檬

坚果

结　语

一幅幅画面，一段段文字，一个个故事，记录着曾经的沧桑，镌刻着今日的辉煌，饱含着铭恩奋进的情怀，承载着对美好未来的憧憬。

忆往昔，峥嵘岁月，铸就辉煌。

看今朝，山河壮丽，安居乐业。

展未来，蓝图绘就，壮志满怀。

今天的德宏各族人民将牢记习近平总书记殷殷嘱托，更加紧密地团结在以习近平同志为核心的党中央周围，永远听党话、感党恩、跟党走，高举中国特色社会主义伟大旗帜，不忘初心、牢记使命，勇于创新、锐意进取，让生态保护更扎实、产业致富更坚实、民生改善更温暖、民族团结更牢固，共同谱写中华民族伟大复兴中国梦美丽德宏新篇章！

后 记

经过多方努力和精心准备，《美丽中国·和谐家园——民族自治地方发展成就展巡礼》系列丛书（以下简称"《巡礼》系列丛书"）终于与广大读者见面了。编纂《巡礼》系列丛书旨在打造"永不闭幕"的民族自治地方发展成就展，提供书写新时代、记录民族自治地方发展成就的"微型百科全书"。国家民委高度重视丛书的编纂工作，有关领导审批了编纂方案。办公厅致函相关省区民（宗）委协助做好《巡礼》系列丛书图文资料的补充、更新、审核等工作，文化宣传司等部门对编纂工作给予了具体指导。相关省区民（宗）委和各自治州州委、州政府及民（宗）委给予了大力支持，确定联络员协助做好有关工作。民族画报社积极支持，提供相关图片资料；民族出版社承担了出版任务，做了大量工作，谨此一并致谢！

《巡礼》系列丛书是在展览的基础上补充完善相关资料，图片、文字均未能支付稿酬，深表歉意！因水平有限，疏漏在所难免，敬请读者批评指正。

《美丽中国·和谐家园——民族自治地方
发展成就展巡礼》系列丛书编委会

图书在版编目(CIP)数据

美丽中国·和谐家园：民族自治地方发展成就展巡礼.德宏傣族景颇族自治州卷／民族文化宫编.－－北京：民族出版社，2021.6
ISBN 978-7-105-16425-7

Ⅰ.①美… Ⅱ.①民… Ⅲ.①中国共产党－民族工作－成就－德宏傣族景颇族自治州 Ⅳ.①D633

中国版本图书馆CIP数据核字（2022）第063476号

责任编辑　王墨馥
装帧设计　金晔
出版发行　民族出版社
地　　址　北京市和平里北街14号
邮　　编　100013
网　　址　http://www.mzpub.com
印　　刷　北京盛通印刷股份有限公司
经　　销　各地新华书店
版　　次　2022年7月第1版　2022年7月北京第1次印刷
开　　本　880毫米×1230毫米　1/16
印　　张　17.25
定　　价　380.00元
ISBN 978-7-105-16425-7／D·3252（汉518）

该书若有印装质量问题，请与本社发行部联系退换
编辑室电话：010-58130512　　发行部电话：010-64224782